与橙子相伴的日子

和曹西瓜述说家史

离兵 著

中國廣播影視出版社

图书在版编目（CIP）数据

与橙子相伴的日子 : 和曹西瓜述说家史 / 离兵著
. -- 北京 : 中国广播影视出版社, 2017.4
ISBN 978-7-5043-7883-5

Ⅰ. ①与… Ⅱ. ①离… Ⅲ. ①长篇小说一中国一当代
Ⅳ. ①I247.5

中国版本图书馆CIP数据核字(2017)第055082号

与橙子相伴的日子——和曹西瓜述说家史
离兵 著

责任编辑 张 頔
装帧设计 成晟视觉

出版发行 中国广播影视出版社
电　　话 010-86093580 010-86093583
社　　址 北京市西城区真武庙二条9号
邮　　编 100045
网　　址 www.crtp.com.cn
电子信箱 crtp8@sina.com

经　　销 全国各地新华书店
印　　刷 北京鑫瑞兴印刷有限公司

开　　本 787毫米 × 1092毫米 1/16
字　　数 178(千)字
印　　张 13.75
版　　次 2017年4月第1版 2017年4月第1次印刷

书　　号 ISBN 978-7-5043-7883-5
定　　价 33.00元

谨以此书献给那些挣扎在自闭症漩涡中的家庭以及所有关爱和照顾自闭症特殊群体的人们。

Contents

目 录

1 我要给你写封信

亲爱的女儿西瓜：

在你刚刚满一周岁的时候，我决定给你写一封信。这是一封给你长大成人以后读的信，这封信记述了我们一家人与你患有自闭症的哥哥橙子相伴的故事。故事是从橙子的出生开始的。英语里表达“怀孕”的一个短语是“in the family way”，如果这个短语可以理解为一个家庭的成立是从有了孩子开始的，这封信也可以看作是我们家的家史。这样做有两个理由：一是因为等你长大成人，爸爸就老了，恐怕许多事记不清楚了；二是因为此时我可以肯定你长大成人后能够读懂它。

我给你写的是一封普通的家书，也许会有些长，但绝不深奥，因此我把你长大成人后能够看懂它作为写它的一个理由，看起来好像对你缺乏信心。但如果你了解到在我写这封信的时候，自闭症的病因还没有找到，发病率还在上升，特别是你还有一个患自闭症的亲哥哥——这也许说明我们家族有这种病的易感基因，而三岁以前的婴幼儿期都是自闭症小孩发病退化的危险期等这些事实，你就会明白爸爸能够在你不到一岁的时候就笃定你会是有着正常智力和情感的人，是对你充满信心的表现。但在你长大之前，你可能很难理解你哥哥，就像我们邻居家的小男孩阿真那样。

我们搬到新家后，六岁的阿真见到我们家有一个男孩子，就兴奋地跑来问我："我可以和你的儿子玩儿吗？"

"哦，我帮你问问。"我一边回答一边回到屋子里劝橙子出去玩儿。其实我知道结果，但阿真站在门口用渴望的眼神看着我，我不得不做做样子。

"他想在家待着。"我十几秒钟后就回到门口，对阿真说。阿真失望地去找钥匙圈里别家的孩子去了。搬来时间久了，哥哥也有时到钥匙圈里玩儿。但他总是自顾自地骑自行车或是滑板车，在阿真和别人玩儿吹泡泡的时候追着泡泡跑，却从来没有搭理阿真和别的孩子。阿真几次找橙子未果，就只好放弃，再也不来找他玩儿了，但他有时遇到我的时候会问："你的儿子为什么和别人不一样？"我尝试了几种说法，却很难和阿真解释清楚哥哥的状况，最后也只能苦笑着对阿真摆摆手了。

其实，对你的信心，也是在漫长的担心之后，才逐渐建立起来的。记得在哥哥满月的当天，他就已经能和爷爷咿咿呀呀地对话了。有的时候我会怀疑我的记忆，那是真的吗？好在有满月当天的录像和照片证明，那的确是真的。但是你到了满月却还不会呀呀地和人对话，我心想糟糕！难道西瓜还不如橙子？好在半个月后，你就会开口咿咿呀呀地应答了。其实你们两个在这方面的能力发育都算早的，只不过在这之后你和别人交流的愿望和能力与日俱增，而橙子却在满月的两天后戛然而止了。我一开始对橙子交流能力的忽然消失不以为然，以为曾经有过就是能力到了，不曾想到在他成长的道路上还会有退化发生。直到三年后，看到关于自闭症和疫苗关系的争论，回头查阅橙子的疫苗记录，才发现他在满月后第二天就注射了疫苗。橙子后来的两次退化也在注射疫苗之后。时间上的相关性让我不得不怀疑疫苗是橙子患自闭症的元凶。不过，对疫苗导致自闭症论点的反对派说的也有道理：在自闭症退化的婴幼儿期，本来就是频繁注射疫苗的时候，容易造成相关性的错觉。

自闭症依然是现代医学的难题，我想我就不去自不量力地猜测病因了。

当你在第一个生日的抓周仪式上抓起了象征医务工作的体温表后，我竟不禁憧憬，或许你将来可以成为一名医生，解开自闭症的谜团。但是现在，为了你更有可能成长为一名医生或是从事其他任何职业的健康人，在你三岁之前我不会让你注射任何疫苗。

哥哥在半岁前，尽管和人的交流少了，但是学习能力还不错。他学会打哇哇，虫虫飞也是比你还早。所以尽管你一直保持着和人的交流的愿望，我和妈妈却还是少不了担心。

记得你五个月大的时候，食量大增，妈妈的奶不够吃了，便开始给你吃罐装的液体配方奶。但这之后，妈妈说你不爱说话了。我开始以为是她的心理作用，但反复几次，都是在你吃过配方牛奶后发生同样的现象，我们就不得不把配方奶给你戒掉了。妈妈每天靠着喝猪蹄花生汤来催奶，直喝到看见猪蹄就反胃，但是奶却还是不够，你经常被饿得哇哇哭。我着急却使不上劲，以至于有一天夜里梦见自己胸脯肿胀，居然也挤出奶了，用吸奶泵从左胸泵出 200 毫升，接着又从右胸泵出 200 毫升，装了满满两个奶瓶，就直接笑醒了。

好在很快就可以给你喂辅食了，随着你学会了吃米糊苹果香蕉，你安然渡过了人生第一个粮食危机。这时的你爱说爱笑，爱哭爱叫，甚至在饥饿的时候发出了近似于“妈妈”的声音。你对作为同类的人充满兴趣。你会目不转睛地盯着在屋子里跑来跑去的橙子哥哥，哪怕他根本不正眼看你一眼。例行体检后，家庭医生说你各项发育指标都很好。

一个标志性的事件发生在你六个月大的时候。那天，我下班刚刚进门，看到你的手正抓着婴儿摇椅的边缘努力地想坐起来。你的身体向前探着，相信如果没有安全带拦着，你很有可能会跌到地上。你这样做的原因是你饿了，而你的妈妈恰好走来，你看到了她丰满的胸脯。妈妈把你抱到床上，解开了自己的衣襟，躺倒在你旁边。你嘴里含着妈妈的乳头，立刻贪婪地吮吸起来。在妈妈的乳汁的哺育下，此时的你已经长得白白胖胖，显得十分水灵，也就是这个时候，我决定叫你西瓜。你可能想不到，在你出生后爸爸看到你的第一眼，联想到的是土豆。

你的哥哥正在玩儿他的ipad。他在Youtube上搜索每一处他去过的建筑的电梯的视频。竟真的有那么多无聊的人会给各处的电梯拍视频并上传到Youtube。每搜索到一处新的电梯视频，他就兴奋地手舞足蹈，大呼小叫。这时你会受到一丝惊吓，但你只是晃晃头，就又继续努力地吮吸妈妈的乳头了。

你刚刚吃完奶，艾伦就来了。他是我们的房屋经纪人。由于你的出生，我们家要买一所大一些的房子，而艾伦来我们家就是为了告诉我卖方接受了我的报价。这时候我们一家还租住在列治文的一套一室公寓里，房间很小，客厅也摆着床。你长大后不会对这里有任何印象。本来你吃饱了，脸上有了满足的笑容，然而看到艾伦，你却哭了，而且不是因为饥饿屎尿和困了要睡觉这些让你哭的老三样理由。之前你一直是个爱笑的小婴儿，包括对生人，包括对来过我家两三次的艾伦。然而这一次当艾伦满脸堆笑地逗你玩的时候，你却哭了，而且面色紧张。艾伦尴尬地躲到一旁，直说不好意思。看不到艾伦，你也不哭了。我却把你抱了起来，让你再次面对艾伦，你又一次紧张地放声哭了起来。我这么做是为了测试你是不是真的认生了，确认你真的认生后，我就松了一口气。

艾伦走后，我把你放到床上。你翻了个身，双手撑着床，头抬得老高，看着哥哥啊啊地叫嚷。妈妈命令哥哥去亲亲妹妹。你的橙子哥哥，跑过来例行公事般地亲了你，就立即跑开了。

你却嘎嘎地笑个不停。我告诉你妈妈你已经认生了，她有些惊喜，她想了想，甚至是给自己壮了壮胆后，才说，看来也许我们的二宝应该是正常的。“现在下结论还太早吧？”心里虽然高兴，但我还是谨慎地说道，“过几个月再下结论吧。”

你和哥哥生长发育的显著分水岭是在十个月大的时候。哥哥到了十个月大，曾经含糊地发出了“爸爸、妈妈”的声音，但之后就消失了，渐渐地什么都不说了。同时他变得非常活跃多动。十一个半月，他就学会了走路。确切地说，是还不会走就开始跑了。那时在北京，我们家刚刚搬到新房子里，有了充足的空间。他在屋子里横冲直撞，根本不在乎摔倒，浑身充满了能量。

而你，却在十个月后不断给我带来惊喜。你逐渐地会叫爸爸妈妈哥哥奶奶；听到别人喊“西瓜”会扭头回应；看到别的小孩子会兴奋地咿咿呀呀地和人家交流；不想要的东西会摇头摆手；捡到有兴趣的东西如哥哥丢掉的乐高齿轮，会显摆给妈妈看；会把花卡子戴到头上臭美；想要的东西会用手指着发出“嗯嗯”的声音；会在照片上指认所有家人……而重演的历史是，在你十一个月大的时候，我们家搬到了在加拿大买的新房子。和哥哥不同的是，你过了一周岁，还在四处爬行，身手矫健，有如蟑螂。你已经可以独立地站起来并扶着东西走了，但不扶东西，你却小心翼翼，最多走三步，就一屁股坐在地上。

对你相继涌现的这些能力，妈妈的反应是不断重复着几句惊叹句：原来这个天生就会！原来这个根本就不用教！这个我才教了一遍就会了……当然，惊叹的前提是和哥哥的对比。为了教会哥哥这些本来儿童应当正常发育出的基本能力，我们做了年复一年的努力，却最终收效甚微。现在我和妈妈都是资深的自闭症儿童家长了，自然对你是否能够及时拥有这些基本能力十分敏感。然而在哥哥小时候，我们却还是那么的无知。

记得刚好在橙子周岁生日时，我带着他到医院做例行的体检。测完身高体重后，医生问：“孩子会指东西了吗？”虽然我教橙子哥哥指东西有一段时间了，但他从来都不会。然而在一种奇怪的虚荣心理驱使下，我却回应道：“他有时会指的。”那时我把有一个聪明孩子当作一种虚荣，这严重地影响了我的判断力。

那时候橙子看起来十分可爱，而且他也会发展一些他感兴趣的技能。比如学会走路后，橙子自创了向后张开手臂并踮着脚尖走路的企鹅步。只要一对他说“小企鹅！”，他就立刻开始表演。此外，他看电视学会了洋娃娃和小熊跳的圆圈舞；和晨练的老奶奶学会后退走；直到一岁九个月还会看着照相机的镜头笑，照片上是一个看起来可爱的漂亮的自然也会被认为是聪明的宝宝。这些都使得爸爸妈妈，这一对没有经验的父母不会想到橙子竟会有那么大的麻烦。即使心中存有疑虑，面对所获得的信息，也会做出有倾向性的判断。

比如我曾查遍了手里的育儿书籍杂志去寻找答案。印象最深的是一篇介绍了三个一周岁后语言退化的孩子的文章。第一个孩子是语言能力本身出了问题。第二个解释为运动神经发展暂时抑制了语言的发展。看到这里我已经对号入座了，深信我们的橙子也一定会像书中的这个孩子一样过一段时间后语言突然爆发，达到甚至超过同龄的孩子。关于第三个孩子的描述我只匆匆地扫了一眼，知道这个孩子最后查明是自闭症。“可怜的孩子。”我心想，却全然没有想过橙子会有这种可能。潜藏在我内心的逻辑是，自闭症既然是一种病，就不会和我的儿子有任何关系，我的儿子不会有任何先天疾病。丢下书，我对妈妈说：“别担心了，橙子现在正在发展运动能力，过一段时间语言自然就好了。”

2 不一样的小孩

虽然我极力地用虚荣心去掩盖橙子的发育问题，但是纸里终究包不住火。随着年龄的增长，橙子的异常行为越来越多。终于有一天，我内心的防线被击溃了。

那是2005年新年的第一天，隔着雾霾的太阳无精打采地挂在天上，但它还是把这一年北京的冬天烘烤成又一个暖冬。我并不喜欢这种不正常的温暖，就像不喜欢发烧时的体温。

然而你的哥哥橙子却很享受这样的冬天。在温暖的冬日里，他有更多的时间到户外玩耍。这仅仅是他来到这个世界后的第三个冬天，也许他认为北京的冬天本该如此。

这天下午，橙子正在小区的儿童游乐场里玩儿——跟滑梯较劲。他快速地登上滑梯，在滑梯顶端飞快地蹲下身来，头也不回地滑下来，又跑回爬梯再向上爬，到了顶端再次飞快地滑下来，周而复始，乐此不疲。

我的任务是给橙子照相。端起相机，透过镜头，我紧紧盯着橙子，转动着凤凰单反相机标准镜头的对焦环，同时脚步在滑梯周围快速移动着。

“橙子，看爸爸！”我喊道。可是不管用，他像没听见一样。我又把相机包用左手举过了头，左右晃动，以吸引他的注意力，可还是不管用。

最后不得已，我发出两声怪叫，以期吸引他的注意力。

橙子还是不看我，两只脚像蹬了风火轮，又窜到滑梯顶上了。

“橙子爸爸，你这是学什么动物叫呀？”一个年轻女子的声音传来。我回身一看，原来是苗苗妈妈牵着女儿苗苗来了。她和我住在同一个小区，是因为小孩子年纪相仿，经常带孩子在小区玩儿，就互相认识了。认识之后，彼此之间也以孩子的爸爸妈妈相称呼。

“叫不好瞎叫，让您见笑了。”我一边苦笑着回答，一边俯下身，和苗苗打了招呼，并夸她今天穿的衣服漂亮。

苗苗应道：“谢谢叔叔，看……”说着，苗苗拉了拉她的鸭子车。

“你能告诉我这是什么吗？”我问。

“我的鸭子，叫嘎嘎！”苗苗说完，用力拉了两下鸭子车，随着轮子转动，小鸭子发出“嘎嘎”的声响，苗苗咧着小嘴，又得意又幸福，晃着脑袋，黄丝巾也摆动起来，在阳光照耀下，花儿一样灿烂。

看着苗苗表情丰富的小脸，我的心里却是一惊。苗苗是11月生的，刚满两周岁零一个多月，比橙子还小一个月。但橙子现在却还不会说话。不会说话这事儿，可以用“贵人语话迟”这样的古语和爱因斯坦、爱迪生这样的说话晚的天才实例来安慰自己，但是橙子怎么也没有人家小姑娘这样丰富的面部表情呢？

“苗苗可真会说话，我家橙子还不开口呢。”我对苗苗妈说。

“你得会教他，你看我怎么教。”苗苗妈妈话还没说完，就一个箭步向前，挡住了正要爬滑梯的橙子的去路，说道：“叫阿姨，叫阿姨才让你玩儿滑梯。”可是橙子并不理她，甚至仿佛并不把她当作人，而只是把她当作突然移动过来的墙，推不开，就试着绕过去，苗苗妈妈则侧向移动继续挡着橙子逼他说话。就这样苗苗妈妈尝试了几次橙子都没有开口的意思，橙子也对这堵飞来的肉墙无计可施，两人僵持着。苗苗看到自己的妈妈和别的小朋友玩，不高兴了，撅着小嘴，向妈妈走来，她的鸭子车也被拉过来，发出“嘎嘎嘎”的响声。

橙子看了鸭子车，一下子挣脱了苗苗妈，转过身来，径直捡起了鸭子车，又把它倒放在地上，用手飞快地转动鸭子下面的轮子。鸭子就一直“嘎嘎嘎”个不停。橙子把脑袋一偏，斜着眼睛盯着转动的轮子看。

苗苗回过身去，想夺回她的玩具鸭子，但橙子一只手按得死死的，她没能抢下来，便回身拉着妈妈，委屈地要哭。苗苗妈大度地跟女儿说：“让哥哥玩一会儿，女儿乖啊。”

“哥哥玩儿车倒呢。”苗苗看着橙子奇怪的玩儿法不解地对她妈妈说。

在一旁看着，我的面子上挂不住了，赶紧过去从橙子手里抢过鸭子车，还给了苗苗。说了一些表示歉意的话后，把橙子拉回了滑梯。好在他的注意力转换得快，立刻再次进入了玩滑梯的循环程序。

这时苗苗妈欲言又止地说：“你儿子还真的不同。”

我想继续往下听，但好像没有了下文。想张嘴问，却又心虚。其实这时我已经零星地听到一些议论，有些人，包括自家的亲戚，婉转地说橙子会不会有什么问题。我一直相信我的儿子应该是最聪明的，对这些不利的言论，我一贯的做法是学习鸵鸟把头埋进沙子，装作没听见。然而随着时间的推移，橙子的与众不同越来越明显了。鸵鸟真的把头埋进沙子里，时间长了肯定会被憋死，于是，半分钟后，我抬起头，抖落沙子，小心翼翼地问苗苗妈：“你觉得橙子有什么不一样？”

“我在幼儿园干了六年了，还没见过……”苗苗妈顿了一下，生吞了自己的后半句，圆脸上眉头紧了一下又旋即松开，像是在片刻间搜索到了合适的词汇，眉毛一扬，说：“你的儿子不俗气，关注的事儿和别的小孩不同，他的眼神也和别人不一样。不像普通的小孩。他有种独特的气质，像天上的星星下凡，不食人间烟火，是个天使。”

我知道她想说这孩子不正常，只不过怕把话说得重了，我接受不了。屁大的娃，哪来的气质？但我又不知道该如何回应她，只是点了点头，嘴里“嗯”了一声。

这时候又来了两个孩子玩滑梯，小苗苗也在妈妈的帮助下开始玩滑梯了。橙子不知道排队，每次都在后面推别人，搞得别的小孩纷纷向家长告状。我也少不了一次次地向人家道歉。后来索性收起相机，在等候滑梯的别的孩子后面拦着橙子，让他跟在后面学习排队。但他还是没有排队的概念，一味急着向前，搞得我拦他也拦得累了，在其他小孩子的家长的注视下，觉得十分没有面子，便对橙子说，“该回家了。”

向苗苗妈妈打了招呼后，就拉着橙子回家。橙子不依，拼命反抗，我就一把把他扛在肩上，任他在我身上拳打脚踢，大步流星向家里走去。

回到家，放下橙子，一屁股坐进沙发里。虽然橙子刚刚两岁多，把他扛回家也不过百米远，但是我的骶骨已经在剧烈地疼痛了。这个病根早在刚刚工作时就落下了。那时在汽车厂，生产线利用寒假改造设备。国营工厂的工人懒得出力，稍一费劲就怪罪设计得不好。我只好亲自装配，证明我的设计是正确的。工人们这时就在一旁看着说，曹工多给我们示范吧。就这样设备改造结束，我也累得精疲力竭，车间里没有暖气，又受了寒，腰部以下的部分开始隐隐作痛并随着年龄的增长愈演愈烈，特别是天气寒冷的日子或阴雨天，久站负重都难以忍受。到医院做了检查，拍了X光片，医生说骶骨边缘模糊，缝隙狭窄，却没有说怎么治，只是开了止痛药。

我躺倒在沙发上一动也不想动。妈妈端着盛着西红柿炒鸡蛋的盘子从厨房出来，问：“怎么在外面玩儿了这么长时间？”

“这小子今天玩儿滑梯玩儿疯了。”我说。

“咱儿子就爱玩儿滑梯，他总是这样，没完没了的。”妈妈边把盘子放在餐桌上摆好边说：“晚饭都做好了，带儿子洗手吃饭吧。”

我说：“你给洗吧，我多歇一会儿。”妈妈知道我老毛病犯了，便自己带着橙子洗完手，把他放到儿童餐椅里坐好。我也撑着沙发扶手站起来，到餐桌和他们娘儿俩一起吃饭。橙子吃饭总是离不开炒鸡蛋和面包，西红柿和黄瓜则是仅有的可以吃的蔬菜。我夹起一块蘑菇，送到橙子嘴边，他却把嘴闭得紧紧的，任凭我们怎么哄着往他嘴里塞，都无济于事。坚持到最后，我和妈妈都败下阵来，于是就只喂给他爱吃的饭菜。

橙子对于自己没有吃过的东西一律拒绝尝试，所以他的食谱是非常的单调。好在他饭量不小，吃完两个圆面包，还能喝上一大杯牛奶，从营养上来看是足够了。橙子吃完晚饭，妈妈把他哄到卧室里，回来和我继续吃我们的晚餐。

“今天苗苗妈说我们橙子和别的孩子不一样，”我终于忍不住，对妈妈说：“还说什么像星星天使什么的，听起来怪怪的。”

“上星期我不就和你说过去幼儿园亲子班的事儿，儿子的表现太不正常，你还不信。”妈妈回应道。

妈妈上周带橙子从亲子班回来，就一直说，儿子和别的孩子太不一样了，就会自顾自地玩儿，自顾自地跑，根本不看老师，也不懂规则。特别是当老师把幼儿园的大门关上后，橙子就紧张地大哭，拼命挣扎着要出去。无论如何妈妈都哄不好他，还搅和得别的孩子的游戏都无法进行了。最后妈妈只能领着橙子，灰溜溜地回家了。妈妈感到脸上无光，特别是当着邻居同时又是幼儿园老师的苗苗妈的面儿。

妈妈接着说：“大姐也提醒过咱们橙子可能会有问题，可是你还不高兴，还说她是庸医。”

“咱儿子的便秘这么小的问题她都解决不了，当然算是庸医。而且咱儿子怎么不正常，她也没说出个所以然来。会不会是我们带孩子的方法有问题？也许你应该学习一下如何教小孩说话。”我的话还没说完，就已经后悔说错了话，果然，妈妈有点生气地说：

“不懂得教孩子的是你。别忘了小志和涵涵小时候我都带过。”

妈妈说的这两个孩子分别是你大姨和舅舅的孩子，妈妈说她都带过，只不过是这两个孩子小的时候，妈妈还在上学，在寒暑假给她的哥哥姐姐作过看孩子的帮手。我一直不认为这就算是带孩子的经验，不过为了妈妈能够保持她教育孩子的自信，也从不会反驳她的说法。

“知道吗？我们小区里的邦邦，第一句话都是我逗出来的。”说完，妈妈面露得意之色。

“好，你厉害，以后多逗逗咱自家儿子吧。咦，儿子在干吗？”

这时卧室里传来“嘭”的一声。我和妈妈都马上丢下饭碗，三两步跑进卧室，看到橙子正趴在地上，右手里握了一支铅笔。我赶紧上前，抱起了他，却见铅笔的笔尖已经将他的脸颊划破了，血正一点点渗出来。

我已经做好橙子会号啕大哭的准备，正要哄他，他却只哼了一声，便从我手里挣脱，跑到客厅，去玩他的积木了。

当妈的心疼，找来创可贴，追着儿子贴好。然后妈妈回过头对着我喃喃地说：“他怎么都不哭一声，难道他不觉得痛吗？”我无言以对，只能和妈妈疑惑地对望着。

橙子只是忙着玩儿他的积木。然而他的积木不是用来搭高的，而是用来排直线的。不论什么形状的积木，他都给排在一条直线上，你要是想帮他搭出点形状，他会毫不客气地推倒。

这时候橙子又趴在地上，眼睛斜着，像是检查他的积木直不直。过了一会儿他又突然起身，沿着积木跑，眼睛却还斜斜地瞟着积木，已经全然不在乎脸颊上的伤痛了。

“他还真是和别的小孩子不一样，橙子啊橙子，你可该加油了。”看着橙子，想着今天看到的苗苗，我迷茫地喃喃自语。

妈妈说：“对，别人家的孩子真的不是这样。我知道你听到说你儿子有问题的话你就发火，但我们真的到了要面对现实的时候了。”

“有问题的孩子应该是天生的。”我还是不甘心，思索了片刻，说：“我们橙子原来可是好好的一个小孩呀。去年这个时候，我们不还认为他是个神童吗？”

2. 不一样的小孩

橙子的神童故事，是从他一周岁开始的。那时候他只要看到各种招牌、标语或是告示上的文字，就要指着让人来念。这样时间久了，他虽然不会说话，却认识了不少的字，只要别人指着一个字，他就会发出一个近似的声音。后来，我又买来儿童识字卡，他也很喜欢，会一张张地自己翻看，认识的字就自己读，不认识的就指给我，让我读给他听。看到他小小年纪，却有老黄牛“不待扬鞭自奋蹄”的精神，我心中大喜。而且每当他遇到生字，只需教他一两次，就能记住。于是我便认定传说中的神童就降临到了我家。当他一岁半的时候，小区里许多邻居都知道我家有一个还不会说话就识字上千的神童了。

每当妈妈担心橙子不说话，可能是发音器官的问题，我就拿出字卡让橙子读。然后说：“能发这么多的音，发音器官没问题吧？”然后，我们夫妻俩就暂时放下心，该干吗干吗去了，就没有再多想是否有比发音器官发育迟缓更严重的问题了。

我曾经总是能找到办法打消妈妈对橙子的种种担心。例如，妈妈非常担心的一件事是，橙子对别人喊他的名字没有任何反应。她对我说：“孩子的耳朵不会有问题吧？”

我说：“这好办，我们来做个试验。”

我走到橙子所在的房间门口，大声喊：“橙子！大橙子！”可是任凭我喊破嗓子，橙子都无动于衷。之后我压低了嗓子，以极低的音量说：“开电视了。”橙子立刻起身，向有电视机的客厅跑去。

“咱儿子的耳朵还是蛮灵的。”我对自己的试验结果感到满意。“可是我还是担心。”妈妈仍无法释怀，但也没有更好的解释，最后无可奈何地说：“也许咱儿子架子大，天生长了个老板筋吧。”

虽然内心抗拒承认橙子会有问题，但是到了这时候，就连我自己也开始感觉到越来越难以说服自己了。但为了妈妈不至于每天都忧虑，我还是要自信一些，强打精神，我对她说：“儿子的确与众不同，不过好像很多天才也都有异于常人之处，比如爱迪生，5 岁才会说话，说不定其他方面也和儿子一样呢。退一万步讲，就算真的有什么问题，现在都二十一世纪了，什么病治不好呀。”

这一时期，爱迪生、爱因斯坦和陈景润等科学老前辈，经常被我邀请到我的脑子里，悄悄地现身说法，为我壮胆。

橙子就这样自顾自地玩儿着，到了晚上 10 点还不睡。妈妈抱他上床，搂着他，他也不让，总是把妈妈推开。直到 11 点多，他才上床睡了。可是才半夜 3 点，他又醒了，独自下床开始折腾。我和妈妈也被橙子惊醒，怕他在黑暗中摔倒，就为他开了灯。接着光亮，橙子找到一个圆形的玩具盒盖子，在地板上转着玩儿。

过了一会儿我再次把橙子抱上床，押着他，叫他睡觉。但是他拼命抗拒。我越用力，他的反抗也越强烈，还挺直了身子，把头向后撞。到了后来就大声哭起来。我无奈，只得放手。这个小人儿一翻身下了床，拾得圆盖子，又开始不厌其烦地在地板上转呀转。

圆盖子转了一个小时，橙子像是突然又想起什么，拿了一叠纸牌，爬到椅子上，站起身将纸牌撒落到地上，然后下了椅子，重新拾起纸牌，再爬上椅子撒纸牌，周而复始，像是被陷入死循环的计算机程序控制着。

橙子自顾自地玩儿，我和妈妈虽然早就困了，但也不敢睡实。

妈妈对我说：“难怪薛大姐说要加工钱，带这孩子真是太累人了。”

薛大姐是我们为橙子请的保姆，平时都是由她照顾橙子。这学期妈妈在学校当了班主任，也加了课时。我在公司的研究项目也到了关键阶段，经常加班加点，公司离家比较远，有时还会因为工作太忙晚上不能回家而住公司的宿舍，所以我们平时照看橙子的时间就十分有限了。

撒纸牌的游戏持续了一个多小时后，橙子终于扔了纸牌，重新回到床上，睡着了。可是这时我的困劲儿却过去了，躺在床上想着儿子种种的不同寻常，越发地无法入睡了。

不知过了多长时间，我也许刚刚睡着，就再次被橙子扔积木的声音惊醒了。这时天还没亮。睡得晚起床却早，只有两岁的橙子每天只睡不到五个小时。妈妈怕积木砸在地板上的声音会影响到楼下的人家，便急忙起床制止橙子。我赖在床上想再多睡一会儿，却再也睡不着了。

元旦的三天假期我和妈妈被精力充沛的橙子折腾得精疲力竭。这时薛大姐的元旦假期休完回来了，我和妈妈也要上班了。

3

成长相册

那时我在一家生产喷码机的公司搞研发。这大概是爸爸的第五份工作了。爸爸为了实现当发明家的理想，进入各个不同的领域工作，在这之前已经研发出汽车生产线，农业机械，建筑机械，考试阅卷机等，做出成绩就走人，打一枪就换个地方。

爸爸想搞出一种依靠弹簧蓄能作为喷墨动力的新型喷码机。但是常见的金属螺旋弹簧缺点不少，摩擦阻力空间限制和预紧力范围都是问题，很难设计出一个完美方案。冥思苦想了好一段时间，也没有想出解决办法。为了这个设计，爸爸每天加班加点地工作，下班后都住在公司的宿舍，这样过了一个星期后才回家。回家的路上，想起来给橙子照的照片图片社早该冲洗好了。

橙子这一年元旦照的照片看着就别扭，因为没有一张照片橙子是在看镜头的，自拍的全家福也一塌糊涂，中间的小孩挣扎着，两边的爸爸妈妈出手摁住，像是拐卖儿童的一对男女。

我闷闷不乐地推开门，薛大姐已经把饭做好了。元旦结束后薛大姐回来带橙子，我和妈妈忙着工作，把对孩子的忧虑，也暂时放在了一边。

一年前我们着急找不到合适的保姆时，邻居常大爷向我们推荐了他在农村的亲戚，就是薛大姐。我们觉得知根知底，因此对她也放心。她四十多岁，还算爱说话，每天都会带着橙子到周围散步。在小区各户居民雇的保姆里，薛大姐算是比较负责任的一个。

薛大姐长得黑瘦，人却很爱干净，要不是因为常年干农活风吹日晒长了红脸蛋，还真看不出来是农村来的。她生过三个小孩，前两个都不幸夭折了，第三个小时候心脏曾经做过手术，现已长大成人了。正因为有过这样的坎坷经历，薛大姐对待橙子小心翼翼，甚至有时比我们做父母的都仔细。

薛大姐的工资刚刚涨到每月人民币600元，在那时候还算不错，看得出来她挺高兴。吃晚饭的时候，听说我们为橙子的状况担心，便说道："橙子就是有点慢，你们别着急，等他会说话了，就什么都好了。在我们农村，这样的孩子就算挺好的了，没人为这个事儿瞎着急。"

到了晚上，照例是薛大姐带着橙子睡觉。我找出橙子的成长相册。这个相册按时间先后顺序收集了橙子自出生以来的照片。我挑了两张还算说得过去的，按顺序插到相册里。

"就这么一晃儿，都2005年了。"我在相册的标签写着日期，感慨道："没想到我们的橙子还不会说话。"

"光发愁也不解决问题。"妈妈在一旁说。

我整理好相册，顺手翻看起来。

第一张照片是橙子还在妈妈肚子里的时候。照片上妈妈挺着壮观的肚子靠在卧室的墙边，而墙上则贴满了各种漂亮宝宝的招贴画。

这时候妈妈也凑过来，我便指着照片对她说："还记得你的谬论吗？"

这些招贴画都是妈妈怀孕的时候特地买来自己看的，她的理论是，天天看着这些漂亮宝宝，自己生出的孩子也会漂亮。我理智地告诉他，那不可能。孩子的相貌早在受精卵形成的一刹那就决定了，孕妇视觉神经的刺激是无法通过任何机制去影响胎儿的成长的。但妈妈却坚持她的看法。

"谬论？那可是真理，你看看咱家橙子长的多漂亮。"妈妈得意地说：

“我们的儿子会长，他挑我们俩的优点长的。”

这话我倒是同意。你橙子哥哥的柳叶眉大眼睛双眼皮高鼻梁都长得像妈妈，周正的脸型和嘴巴像爸爸，这都是我们各自的优点，搭配起来效果却令人惊艳，比起那些画上的宝宝还要漂亮。

下一张是刚刚被推出产房的橙子躺在婴儿床上。他双眼紧闭，两只小手握着拳。我对妈妈说：“知道吗，当时我最着急的是数儿子的手指头。”

“这孩子，我痛了四十个小时才生出来，又产后大出血，我还在里面抢救，你却忙着数指头。”妈妈嗔怪道。

我知道戳到妈妈的痛处了，忙说：“你在里面生，我在外面等着干着急也没办法呀。那个上岁数的产房护士一直在跟我们几个等在外面的爸爸讲她在医院遇到过的各种出生缺陷，搞得我就更紧张了，就怕儿子手指头数量不对或手指之间长出蹼来。”

再下一张，橙子和另一个新生儿躺在一张双胞胎婴儿床上。当时是十月生育旺季，医院婴儿床不足，护士便把橙子和迟他一天出生的小女孩乐乐放在同一张双胞胎婴儿床上。乐乐的姥姥看到橙子生的可爱，便提议做儿女亲家。住院期间我们和乐乐爸妈都谈得来，便一口答应下来。我本来还说了句就是让孩子有个玩伴，不必当真。不想乐乐姥姥还生气了，说为什么不当真呢？这几天看到你们夫妻这么恩爱，都是好人，将来这孩子也一定错不了。要是找别人，我们还不放心呢。

“冯丹又约我们一起出去玩儿了。”看到这张照片，妈妈想起了乐乐妈妈冯丹刚刚来过电话：“她说他们家乐乐现在什么都会说了，是个小人精。”

“可是我们家橙子还不会说话也不会和别人玩儿呢，还是再等一等吧，等咱儿子懂事了会玩儿了再说吧，要不然给亲家留下的印象太差了”我答道。

接下来的照片就是出院回家后照的了，爷爷奶奶喜笑颜开地抱着孙子。特别是橙子满月的时候，爷爷抱着他说话逗他，他竟会张着嘴巴发出“啊，啊”的回应，像是和爷爷对话。爷爷断言橙子一定会早早开口说话。

到了三四个月大的时候，一组照片记录了橙子的丰富表情：或憨憨地笑，或面露狡诈，或撇嘴表示不屑。当我拿着这组照片到当时工作的聚金公司时，公司的同事把橙子惊为天人，预言此童必天赋异禀。我也感觉很有面子，橙子像是天生会照相，小小的孩子看到我举起相机就会对着镜头看，因此很容易照出生动的照片。

在这之后，标明橙子翻身、独自坐、爬行、站立、行走的照片，都记录着和教科书里说的一样标准的发育时间。

但是也有例外。十个月的一张照片下，写着“会挥手表示再见了，会说拜拜了，会叫爸爸妈妈了。”但是之后的照片就没有关于语言的记载了，因为不但没有进步，就连原来会说的也不再说了。

橙子走企鹅步和摇摇晃晃地跑的照片占了大量篇幅。我拿着全手动的凤凰相机拍摄这些照片，颇费了不少功夫。

一岁半，橙子看电视学会了蹋踏舞。还有一张照片是和晨练的老奶奶学会后退走，他的模仿能力非常的好，那时我时常感谢上天如此厚爱，给了我们这样一个聪明漂亮的宝宝。

“是这张！”我心里一沉，指着橙子一岁十个月大时拍的照片，喊出声。妈妈不解地问：“这张怎么了？”

“橙子就是从这天开始，照相时不看镜头了。”照片都是我照的，我心里最清楚。那是在小汤山航空博物馆的一架三叉戟客机的客舱里，橙子坐在座位上，我给他拍照，他却怎么也不看镜头。最后，妈妈在后面掰着他的脖子，才算照了个正脸。

“在我出生那年，当时的副统帅林彪就是乘坐三叉戟这个机型逃走时摔下来的。”我对妈妈说：“所以说他落了个折戟沉沙的下场。”

“橙子坐过这架三叉戟，就变得越来越不对劲了，看来这飞机真不吉利。”妈妈若有所思地说。

4

春节

转眼到了除夕，采办完年货，全家人就要到爷爷奶奶家过春节了。

你爷爷那时从报社主编的位子退下来已经有五年了。退休后的失落感曾经整整困扰了他三年，直到有了橙子，这个漂亮可爱的孙子来到世上，他才走出了焦躁与寂寥。虽然平时并不住在一起，但是爷爷每次见到橙子都会送给他一件用心挑选的新的玩具，并陪着他玩儿。特别是在橙子变得越来越和别的小孩子不一样之后，爷爷是唯一可以和橙子在玩耍过程中能有互动的人。

你奶奶的整个职业生涯都是坐在办公室里度过的，她皮肤白得有些过分，身体瘦小。退休前显得比同龄人要年轻十岁，然而在退休后这个数字却在逐年缩小，现在她的花白的头发已经达到同龄人的水平了。她喜欢精致的小玩意儿，更喜欢长得精致的孙子，总是以给橙子织个小毛衣小手套或者做个小被子为乐。

橙子也最喜欢到爷爷家。我大概每隔两个星期带着他到爷爷家一次，每次他都异常兴奋。

下了电梯，橙子一溜烟跑在前面，穿过楼道门，来到了爷爷家的门前。不过他并不敲爷爷的门，而是一边不停地跳，一边盯着爷爷的门笑。

爷爷听到门外有动静，开了门，橙子就跳着跑进了门。他的第一件事儿是先跑到每个房间巡视一遍。奶奶见了孙子，喜欢得一把搂在怀里，不想却被橙子挣脱了，还把奶奶带了个趔趄。

我和妈妈进屋放下年货。问候了爷爷奶奶后，妈妈就和奶奶一起在厨房里忙活了。

爷爷拆了包装盒，拿出了新玩具，一个电子鼓。先把鼓槌给了橙子，橙子学着爷爷敲了几下，声音很小，觉得没意思，便丢下不玩儿了。爷爷又把电池装上，按了按钮，电子鼓发出了伴着鼓点的音乐。

爷爷拿了一把鸡毛掸子扛在肩上，还弯了腰，好像肩上有千斤重担。爷爷一边原地踏步一边随口编词和着音乐唱道：

“爷爷扛着大木头，
橙子扛着小木头，
我们齐步向前走，
一起去盖大高楼，
盖起高楼给谁住？
橙子和爷爷一起住。”

听着节奏感十足的音乐，看着爷爷滑稽十足的动作，即使听不明白爷爷的歌词，橙子也被逗得哈哈大笑，接着爬上了床，夺过爷爷的鸡毛掸子，也放在肩上，在席梦思床垫上跳了起来。

这时候妈妈提醒我：“别忘了理发。”

我便对奶奶说：“妈，我们还是先给橙子理发吧。”明天就是正月初一，“正月剃头死舅舅”的说法虽是无稽之谈，但哪怕是无稽之谈中的风险，妈妈也不愿留给你的舅舅，妈妈的亲哥哥。

橙子不知道什么原因，非常害怕理发用的电动推子的声音。最初四、五个月大的时候还是不怕的。可是随着时间的推移越来越怕，以至于在理发时拼命挣扎，就像要杀了他一样，一个成年人甚至都按不住他。后来我发现他害怕的是电动推子发出的嗡嗡声。我小的时候我的头发都是奶奶用手动推子给我剪的，所以我又让奶奶，从箱子底找出来本已成为文物的手动剃头推子，用来给橙子理发。

虽然用手动推子理发，橙子的恐惧感基本没有了，但是手动推子接触他的头皮，他依然会不舒服，在椅子上扭来扭去，我不得不在后面扳着他的头。奶奶的推子有时也会跑偏，好在最终差不多要剃成光头，影响不大。

爷爷说："橙子乖乖，剃完头爷爷还有好东西给你呢。"

橙子的光头工程终于完工了。奶奶刚刚清理完，橙子站起身一抬头，就看到一串晶莹剔透的泡泡从天而降。橙子仰着头，又是笑又是跳，看着高处的泡泡追逐着。

爷爷举着电动泡泡枪，一扣扳机，又是一串泡泡。

橙子再去追逐。如此往复多时，橙子依然乐此不疲。看爷爷都有些累了，我就过去，要来泡泡枪，接替爷爷陪橙子玩儿。

为了让泡泡飞得更高些，我索性站在沙发上发射泡泡枪。泡泡枪里是个风扇，在电机的驱动下，把肥皂液吹成泡泡。

我想变点花样。我点动扳机，就是开动一下电机就松开，然后再开动一下电机再松开，如此反复。这样吹起一个泡泡，却又不把它吹走，只是控制好气流量，一点一点地把它吹得很大。泡泡可以被吹到如排球般大小。轻轻一抖，巨大的泡泡缓缓落下，表面泛起五颜六色的光。

橙子的兴奋也随着泡泡的增大成倍地增加着。他仰着头看着大泡泡，大笑着，原地转着圈，双手上下扑打着，像只快乐的小鸟。甚至，他要一直等到泡泡落到自己的脸上，炸碎了，才咯咯地笑着，低下头擦脸。

我又继续制造着大泡泡。泡泡在成长的时候，肥皂液在表面张力的作用下紧紧地裹住吹进来的空气。泡泡的表面在晃动着，忽大忽小。

我的某个两个脑神经细胞末梢像是突然被微小的闪电击中，瞬间联通了。是呀，空气就是弹簧，肥皂泡就是个气罐，泡泡枪电机就是个气泵。

摩擦阻力空间限制和预紧力都不再是问题，这是一套多好的空气弹簧蓄能装置呀。

我丢下意犹未尽的橙子，找来纸笔，两分钟就画出了设计草图。一种新型喷码机设计诞生了。

设计的灵感给我带来的好心情一直维持到晚上 7 点钟。爷爷多年来养成了看《新闻联播》的习惯，到了节目播出的时间，他就会打开电视看。哪知道《新闻联播》的片头曲一响，橙子便面带惊恐地跑过来把电视机关掉。

我把橙子带进卧室关上门后，爷爷再次打开客厅的电视机。在卧室里的橙子随着《新闻联播》播音员的声音响起再次拼命地哭嚎起来，即使爷爷把电视机音量关小，也无济于事。最后没办法，爷爷只好把电视机关掉。说："橙子快出来吧，爷爷不看了。"

橙子刚收住哭声，但是听到爷爷口中的"新闻联播"四个字，又大哭起来，安抚了良久，才算作罢。

爷爷不解地说："橙子到底怕的是什么呢？"

我说："可能是新闻播音员在说话时都面无表情，太严肃了，橙子对此十分敏感，被惊吓到了。"

这时，电话铃响了，是你大伯从加拿大的温哥华打过来的。他和我们轮流问候之后，又和橙子的奶奶长谈起来。

不知不觉已经到了中央电视台播放春节联欢晚会的时间了。这本是每年春节全家必看的节目。我尝试着再次打开电视机，橙子却依然恐惧，急忙跑来关电视。北京城里已经禁止燃放烟花爆竹多年了，外面是冷冷清清的，又不能看电视，剩下的就只有吃了。这时妈妈已经把饺子煮好，一家人也都围坐在餐桌周围了。

奶奶也和大伯讲完电话，到餐厅落座。大家称赞妈妈饺子包得好，妈妈说奶奶的饺子馅做得好。

橙子的奶奶对我说："一农呀，你大哥说他现在在那边做的保险生意现在开始有了起色，再过一两年，就差不多可以担保我和你爸爸团聚移民了。所以你们也可以考虑考虑，要不要移民到加拿大。别为了陪伴我们，耽搁了自己的前途。”

那时候大伯曹一工已经移民到加拿大两年了。他们办移民的时候，还提议我们一起办。后来我和妈妈也递交了移民申请。然而不久，加拿大移民政策变严，我和妈妈的分数不够了，于是就打消了移民的念头。我对奶奶说：“不是我们不想移民，是加拿大嫌我们不够好，去不了。所以还是在北京陪你们吧。”

第二天，也就是大年初二的一大早，全家人早早就起了床，因为我和妈妈要带着橙子去姥姥家。

这个安排是经过了前两年的冲突后，经过谈判达成的。2003 年的春节，橙子才四个月大，爷爷心疼孙子，不想我们带他去妈妈的娘家，因为妈妈的娘家在北京郊区顺义的农村，过了顺义城区还要有半小时车程，路远，冬天还没有暖气，怕橙子冻着。但是橙子的姥姥、姥爷过年时也想见外孙子。大姨和舅舅初二也都留在家里，等着我们一家回去团聚。

2003 年的大年初二我们还是去妈妈的娘家了。爷爷显然很不高兴。到了 2004 年春节，姥爷在家里安装了暖气和小锅炉，爷爷这才没了话说。不过为了哄爷爷开心，妈妈提议每年的春节初四，我们一家再回到爷爷家。这样，爷爷才表示满意。

虽然起得早，但是快到妈妈的娘家大钱各庄的时候，已经接近中午。长途车经过一路颠簸，似乎也累了，到站打开车门时长长地出了一口气。

大钱各庄位于北京顺义区平原与山区交界的地方，一条二级公路旁边。妈妈的娘家就紧邻着公路。姥爷虽然是个农民，但是头脑灵活，充分利用了临近公路的优势，在马路对面的麦田里，以每年 100 元的代价租下半亩地，用来存放盖房子用的瓦。姥爷订货后，瓦场的人就开车把成批的瓦送来，堆在空地里。周围村庄有人买瓦，就会开车过来买。这样每块瓦能赚上几分钱，在农村建造房屋的旺季，姥爷卖瓦的收入也是不错的。姥爷自家的临街房也搭建出一间，用来经营农药。除了卖农药，姥爷还指导买农药农民如何使用。最后干脆让自己作广告牌生意的儿子，你的舅舅，做了一个大招牌，上书“植物诊所”。村里的人见他会挣钱，便依着他的名字钱宝昌，喊他“大钱包”。

我们一家人下了长途车，沿着公路向前方的瓦堆走去。大钱各庄是个有一千多户的大村庄，几乎家家住的都是红砖瓦房。正是准备午饭的时间，整个村子笼罩在袅袅炊烟中。道路两旁铺满了这两天放鞭炮掉落的爆竹皮，走在上面窸窸窣窣地响，仿佛走在深秋的落叶上。这时候村子里还不时地传来鞭炮声。

嗅着充满硝烟的年味，很快就走到植物诊所的招牌下。姥爷听到长途车开过的声音，便早早地站在门口等候。看见外孙子，满脸堆着笑，一把抱起橙子，亲了又亲。

姥姥还在厨房里做炸馓子，透过油烟看到橙子，也高兴地喊：“橙子，我的大外孙子，你可来了，一农啊，妈妈就等你们了。”

姨夫和舅舅在屋里聊得正欢，见我们进来，都纷纷起身，表示欢迎。大家互相拜年、问候。你的涵涵表姐和小志表哥也从院子里回屋，向大人们拜过年，围着弟弟橙子逗着玩儿。

不多时大姨和舅妈提着刚买的菜和肉回来了，看见妈妈亲热地抱成一团。一时间一大家子十余口人在屋子里，好不热闹。

妈妈扭头对我说：“看，还是来我家热闹吧，这才叫过年呢。”

我正要随声附和，橙子却不识时务般地大哭起来，我和妈妈赶紧哄他，却不管用。联想到近期，一切嘈杂的场所，比如餐馆、商场，橙子都很恐惧并拒绝进入，便知道是姥爷、舅舅他们说话嗓门大，橙子受不了。但是大过节的，这话也不好明说，我只好对大家说：

“橙子这两天睡得少，一定是困了。”说完，让妈妈抱着橙子到卧室里休息。

大姨和舅妈到厨房帮忙，两个大孩子又到院子里玩儿去了。剩下四个男人，围坐在餐桌旁，开始了吹牛的时间。姨夫吹升官，舅舅吹拉关系，姥爷吹卖农药，爸爸把喷码机直接吹成了航天飞机。

男人们就一直这样吹着牛。饭菜好了，女人们端上来，女人孩子们坐过来一起吃，吃完了，女人们去收拾碗筷，男人们继续吹牛。我对这种在农村还为男性保留的特权，感觉颇为受用。

但是妈妈就感到更加疲惫了。橙子来姥爷家比较少，处处不适应。午饭后妈妈只能带着他在村子里溜达。哥哥姐姐想和他玩儿，他也不搭理他们。

吃过晚饭，舅舅张罗着去放烟花。河北的烟花便宜，他便开车从河北买了两千块钱的烟花回来。

大家到存放瓦的半亩地去放烟花。我和妈妈怕橙子乱跑，便一左一右拉着他的手，远远地看着。舅舅和小志哥负责点燃烟花。舅舅买的烟花主要是礼花弹，有像发射迫击炮弹那样单只燃放的，也有把几十个炮筒捆起来自动依次燃放的。无论哪一种，威力都很大，伴随着震耳欲聋的炸响，造型各异、五颜六色的花团在空中怒放，照亮了黑寂的夜空。

然而，精彩的烟花并没有引起橙子丝毫的兴趣，他只是目视前方，却没有目标。礼花弹的巨大响声让我和妈妈都不禁堵上耳朵，可是橙子却像什么都没听到。

小志突然恶作剧般的点燃了挂在我们身后树梢上的挂鞭，大家都吓了一跳，急忙捂住耳朵躲开。橙子却依然站在那里，连眼睛也几乎完全静止，甚至不曾眨过。

从他无神的眼睛里，我读到了一种死寂的宁静，游离于这喧嚣的节日夜晚之外。这让我感到恐惧，实实在在地感觉到橙子周围有一道无形的沟渠，把他和这个世界隔开了。这沟渠，把橙子和我们隔开得很远，甚至用泰戈尔《最远的距离》里的诗句都无法形容。我不得不将泰戈尔的诗加上一句：

世界上最遥远的距离，不是用自己冷漠的心，对爱你的人掘了一条无法跨越的沟渠。

而是你如此年幼，那条无法逾越的沟渠，就已经横在那里并将你和所有爱你的人，远远地隔开了。

夜里，躺在姥爷家的木板床上，我做了一个梦：我和橙子站在一辆拥挤的公共汽车上，我看着他，他则和平时一样，望着空气。

不知过了多久，车停在了距离我家还有很远路程的一个车站，我还在座位上稳稳地坐着，可是橙子竟要在这一站下车。由于这站等车的人多，橙子还没有及时地下车，车下的人已经开始往车上挤了。橙子矮小的身躯面对着扑面而来的一根根粗壮的大腿，踉跄着，艰难地向下挪动。

而此时，我竟然只是一个看客，因为我不会在这一站下车，我甚至不知道，橙子下车后会去哪里。尽管我鼻子发酸，眼圈湿润，可我却只能是一个看客！

终于，橙子下车了，向远处一片昏暗的建筑走去，小小的身躯在寒风中摇晃着。随着“呲”的一声，电磁阀换向了，压缩空气开始推动气缸，车门朝着关闭的方向在动。每一个瞬间都在向我发出挑衅，我终于忍不住，冲开未知的阻力，跨出了车门，追上去紧紧地搂住橙子“儿子！儿子！你要去哪里？爸爸陪着你！”看着橙子没有内容的眼神，我惊醒了。

我此时已经意识到，我必须找到原因，设法越过那沟渠。

5

自闭症？！

春节后上班，我向喷码机公司的老板章总汇报了空气蓄能喷码机的想法，他很高兴，表示愿意立项，并要我立刻开始工作。

两周后，做医生的大姨，经过咨询，向我们建议先带橙子去儿童医院检查听力。于是我和妈妈都为此请了假。

去儿童医院这天，我和妈妈起了个大早，就一起带着橙子出发了。北京儿童医院是全国最好的儿童医院，我和妈妈都对找到橙子的病因充满信心。

但还没进门，信心就遭到打击。挂号的队伍几乎排到了门外。从全国各地赶来的家长带着孩子把整个地面一层都塞得满满当当。我还以为我起得够早，许多人却都是半夜就过来排队了。

我找到了排耳鼻喉科的队，站在了队尾，妈妈则领着由于不适应环境而开始哭闹的橙子到处走动。

终于排到了，却被告知已经没有专家号了。这是我已经预料到的。妈妈特别叮嘱我一定要专家号，看来只能让她失望了。即使这个普通号，也是下午一点钟的。不过看看我身后又排了不少的人，心想能挂到号就已经算幸运的了。

找到了妈妈和橙子娘儿俩，看了时间还不到八点，便提议到附近的月坛公园消磨时间。

前次来月坛，已经是六年前的事儿了，那时候我和妈妈在位于月坛公园的结婚登记处领取结婚证。这一次带着橙子重游月坛，也算是给月老一个交代。

月坛公园小而有味道，特别是竹林间的小道曲径通幽，当年我和妈妈就喜欢在这里漫步。现在橙子沿着同样的路奔跑着，消耗着多余的体力。

等把整个月坛都走遍了，我的骶骨痛已经让我走路的时候一瘸一拐的了，时间却依然尚早，本想找家餐馆坐下耗时间，顺便也把午餐解决了，但橙子还是拒绝进入餐馆这样狭小嘈杂的地方，无奈，只好找个超市，买了面包饮料，回到儿童医院大厅，慢慢地吃。

总算到了一点钟，一家人疲惫地进入了耳鼻喉科诊室。诊室内是一个四十多岁的女医生，说话很和气，问道："你的孩子什么情况？"

我对医生说："我的小孩对喊他的名字没有反应，好像听不到别人对他说话，但是有些细小的声音又可以听到。"

她看了看橙子的耳朵，外观没有问题。拿手电照了后，说要掏耳朵。

让橙子乖乖地躺着掏是不可能的，只能是我和妈妈死死地摁着他。橙子拼命挣扎，医生怕我们按不住，又叫来助手，帮忙按住头。勉强掏了左耳，果然掏出了一大块耳屎。

试图掏右耳时，小家伙闹得更厉害了。医生没办法，她也怕出危险，便说说不掏了，橙子的病应该跟耳屎没关系。接着给开了检查单，说："带他去做检查吧，检查前让孩子把安眠药吃了，睡着了才能作。"

我看了下检查单，有声导纳测试、电反应测听、耳声发射等。

交费后，到了检查室，护士给了一杯液体的安眠药，说服药后睡着了才能检查。但是橙子拒绝品尝这来路不明的饮料，即使我们强行把他的嘴巴掰开，他也顽强地用舌头向外推。

僵持了几分钟，不但没把药灌到橙子嘴里，药还洒出来不少。突然我的忍耐极限崩塌了，举手照着橙子的屁股打下去，大喝一声：“快点喝！”

人生第一次挨打，橙子停了哭闹，一愣神，我顺势把剩下的药水灌了进去。

但是喝了半杯安眠药的橙子，依然顽强地醒着。把他放在儿童推车里足足摇晃了一个半小时，还睁着大眼睛。看着时间已经过了3点，心里起急，又照着他屁股拍了一下，狠狠地说：“闭眼睡觉！”

不知道真的是打怕了，还是药劲上来了，橙子终于睡着了。

送进检查室，不多时，护士出来喊家长，说需要睡觉检查的项目已经检查完了。现在要把孩子弄醒，再作一项检查。

弄醒橙子倒是容易，只不过他醒了以后，我们就不容易了。发现自己在检查室里，橙子拼命地想要出去。我把他拦住，他索性躺在地上哭闹。

这时候检查室的医生对我说：“后面的检查我看不用做了，他的听力没有问题，我怀疑他患了孤独症。”

“孤独症？”我还是第一次听说。

“是的，”这个医生说，“很多患孤独症的孩子都是因为怀疑听力有问题到我们这儿做检查才被发现的。不过儿童医院不能作孤独症的诊断。”

这是什么大不了的病，这么大的医院都不能诊断？我心里想着，问道：“那要到哪里作诊断呢？”

“你们是北京的吧？”看到我点头后，医生继续说，“你们去流园医院吧。”

回家的路上，我和妈妈头脑里都充满了疑惑。

“儿子为什么会孤独呢？”妈妈不解地说，“难道是我们陪伴他太少了？”

“听起来像是心理问题。”我含糊地说：“可是这么小的孩子，怎么会有心理问题呢？”

到了家，薛大姐已经做好了饭。妈妈带着橙子准备吃饭，我顾不上肚子饿，先进了卧室，打开了电脑。感谢Google，当我输入“孤独症”后，给出了一百多万条的信息。

首先知道的，原来“孤独症”就是“自闭症”。“自闭症”之前我是听说过的，虽然到底怎么回事我不知道，但是我曾听过一些名人自称有自闭症，其实就是某一时段心情不好，不愿和人交流，过段时间心情好了症状就消失了，根本就不是什么病。

然而当我把这些信息打开，看了里面的内容后，却惊呆了！

“儿童孤独症是一类以严重孤独，缺乏情感反应，语言发育障碍，刻板重复动作和对环境奇特的反应为特征的疾病，约每一万名儿童中有二到四例，本症多见于男孩，男女比例为四比一。儿童孤独症的病因尚无定论，与遗传因素、器质性因素以及环境因素有关。”

“见鬼！”我心里骂道：“‘神舟’飞船都上天了，怎么连个小孩子的病还搞不清楚？什么叫‘严重孤独，缺乏情感反应，语言发育障碍，刻板重复动作’呢？”我接着向下看，抱着一丝的侥幸心理，希望橙子并不属于这个特征定义。

“接触交往障碍需具有下列五项中的两项症状：

1．不能用注视、表情、姿势或手势进行交往；

2．不能与其他孩子建立伙伴关系；

3．遇到挫折时，不会寻求支持或安慰；

4．当别人遇到挫折时，也不会主动给予别人支持和安慰；

5．不能对集体的欢乐产生共鸣。”

只需满足两项就符合？我家橙子五项占全！我的脑袋轰的一声，像是所有的脑细胞都炸开了，脑壳里只剩下一团糨糊。

下面关于言语交往障碍和兴趣、活动异常的症状，橙子也远远超过规定票数。毫无疑问，就算此时我满满一脑袋的糨糊也可以肯定，橙子顺利当选儿童自闭症患者，而且是严重的自闭症。

这时，糨糊脑袋能想到的唯一的希望就是，这个病有法子治吗？

可是，无情的Google却给了我这条信息：“自闭症是终身的多重残疾，至今没有有效的治疗方法，预后很差，往往残留行为障碍，以至适应困难，不能独立生活。”

五雷轰顶，混沌一片。天就是这么塌了下来的。

我毫无意识地呆坐了不知多久，满脸的泪水。

被我们全家寄予厚望的橙子，却在生命的起点，就被告知，终身残疾，不能独立生活，还有比这更残酷的事吗？

妈妈进屋，我忙擦干眼泪，却不知道说什么。本想把电脑上的网页关闭，但是摸到了鼠标的手，又缩了回来。

妈妈显然预感到了结果，她默不作声地坐到我身边，看了电脑上我搜索到的内容，没说话，只默默地流泪。

就这样，两个人一起，相对无言，四目泉涌。

薛大姐在门外喊：“快出来吃饭吧。”

我隔着门应道：“不吃了。”

妈妈突然在沉寂中爆发，“哇”的一声大哭起来。我抱住她，轻抚着她的背，说：“哭吧，大声地哭吧。”

一直到了后半夜，我们两人的眼泪大概也流干了。我倒了杯水，递给妈妈。

“别忘了天亮的时候打个电话请假，我们两个明天都别上班了。”我记得明天，确切地说已经是今天，是妈妈学校开学的日子。

止住哭声，妈妈没忘自己的职责，擦了眼泪对我说：“我是班主任，开学第一天我不去还不乱了套，我们职业高中的学生什么样，你知道的。”

“既然这样，那就抓紧时间，洗洗睡吧，都两点多了”我催促到。

“我们后天带橙子去流园医院吧，明天上班我先把假请了。”

“好，就这样。”

我知道妈妈一夜也没睡着，我也是。但到了天亮的时候，太阳还是照样升起来了。

我嘱咐妈妈，不要挤公共汽车了，今天打出租车上下班，尽快回家。

我自己直接给章总打了电话，请了两天的假。

再看橙子，却宛如隔世。他依然在屋子里跑来跑去，依然在屋子里转圈，依然把积木摆成一列，但是昨天以前，他还承载着我的希望，希望他将来能上名牌大学，能成为科学家、工程师或者律师，总之，要成为优秀的人才。但是现在，却要面对终身残疾且不能独立生活的未来。

为了在流园医院的就诊能够更有效率，我花了一整天的时间，阅读我在互联网上搜索到的每一个信息。思考我要问医生的问题，一一记录在笔记本上。

绝大多数关于自闭症治疗的信息就是训练。但也只是改善，效果也不确定。

难得看到的一条信息是禁食面和奶制品对部分自闭症儿童有改善。这是我看到唯一可能是和自闭症病因有关的手段，便重点记了下来。但心里却害怕，如果橙子真的需要禁食面和牛奶这两样他最爱吃的食物，他岂不是没有可以吃的东西了。

这一天我才知道，自闭症不但是一种严重的病，而且是现代医学束手无策的不治之症。

6
贴上标签

吸取了在儿童医院的教训，去流园医院这天，我起得更早。凌晨4点，我就站在楼下路边等待半夜扫街的出租车了。

但是两眼只见灰茫茫一片，能见度很差，昏黄的路灯灯光像是灯杆上顶了硕大的棉花团。进入新世纪，除了雾，我又学会了一个经常和雾连在一起的字，叫“霾”。我敏感的鼻子很快会帮我区分笼罩在周围的到底是雾还是霾，它在空气质量达到三级时就会有所反应。果然，不一会儿我就打起了喷嚏，鼻子告诉我，“霾”又来了。

正以为不容易等到出租车的时候，一辆绿色捷达出租车停在了路边。

上车后，我对司机说：“这种天气还出车呀？”

司机叹口气说：“份子钱逼的，没办法。”

感谢份子钱，让我在这种情况下还能打到车。凌晨空旷的街道上，绿捷达飞驰着，不一会儿，我就到了流园医院。我心里狠狠地想，这次我一定要把最贵的专家给挂了。

喷嚏又打个不停，我掏出手纸，用力地擤了鼻涕，裹紧了外套，让自己暖和一些。凑到窗口前，看清今天的专家姓甄。

窗口前已经排了七八个人，还好，怎么算今天上午的号也能排得到了。

前面是一个女人，面相年轻，却花白的头发。大概是站久了无聊，她转过身对我说："您是要给谁挂这个号呀？"

我回答："是给我儿子。"

那女人说："你们孩子确诊了吗？"

我说："还没呢，我是第一次来。"

"来挂专家号就对了。"女人接着说："我们大老远从黑龙江来的，第一天没挂上专家号，找了个年轻大夫，看了十几分钟就把我们打发了，所以今天找个专家好好再看看。"

我也不知道该说些什么。只是默默地站在那里，为这件自己还不了解的事儿，对那女人点点头。这是盲目的赞同，也是无用的安慰。

最后我挂上了上午 10 点钟的号。流园医院离清河不远，挂完号我就可以回家吃饭，然后再和妈妈领着橙子一起前往流园医院了。此时我想到和那个黑龙江来的女人比起来，我们住在北京，已经是方便得多了。

还不到 10 点，我们一家三口就来到流园医院门诊大厅了。一进门，一个十岁左右的男孩以俯冲状飞奔过来，差点和我撞个满怀。一个中年男子斜刺里跑过来，一把拦住男孩，扭过脸来向我说声"对不起"，随后拉着男孩，绕过正在大厅中间转圈的另一个男孩，坐到墙边的长椅上。

候诊的几乎都是家长带自己生病的孩子。这些孩子很多都能从面相上看出来不正常。有的目光游移不定，有的莫名其妙地笑，有的口里念念有词。这时一个小女孩突然躺倒在地上大哭起来。橙子进门后本来就越来越烦躁，听别人哭，自己也不甘示弱也号啕大哭起来，像是要来个二重唱。

橙子边哭便挣扎，要挣脱妈妈的怀抱，要出门，他不喜欢陌生的室内环境。我对妈妈说："先带橙子出去吧，等排到了我给你打电话。"

我拿着号到了甄专家的诊室门口，一眼看到挂号时排在我前面那个女人。一个四岁模样的男孩安安静静坐在旁边，两只手攥着一张扑克牌，红桃 Q，贴在脸上。

那女人冲我点点头。

我也点点头，说："你的儿子很乖呀。"

"小树林，快和叔叔打招呼！"说着女人扳着男孩的脸，向我这边转了一下。男孩脸被扳过来，眼珠却似乎不曾动过，妈妈一松手，又把红桃Q重新贴在脸上。女人面露歉意地说："他还不会说话呢。"

我说："一样啊，我儿子也不会呢。"

这时诊室里喊"八号！"

女人和小男孩另一侧的男子，显然是小男孩的爸爸，一同站起，拉着小男孩进了屋。我看了我的号是九号，就马上给妈妈打了电话。

我到了候诊大厅门口，和妈妈一起费了很大力气才把已经开始发脾气的橙子拽到诊室门前。刚在门后坐定，小树林一家三口就出来了。轮到我们了。

一家人刚刚走进诊室，不想身后窜入一大汉，挡在我身前，眼圈湿润，像见到大救星一样，哀求道："甄大夫，我们新疆来的挂不上号，求求您给我们加一个吧。"

甄专家面无表情地定在那足有五秒钟，正当我以为她要拒绝那汉子，不想她圆珠笔一挥后，撕了张纸给了那汉子。

那汉子像是拿了救命的灵符，千恩万谢后离去了。

橙子还哭呢。看到诊室里面有几个小凳子，妈妈便领着橙子过去。有小凳子玩儿，橙子虽然还哭，但是不再挣扎着要出去了，而是哭着，把四个小凳子推成一排。

专家面无表情地问了我们一些基本情况，期间几乎没有正眼看过橙子。等基本情况问完了，才喊了两声"橙子，橙子。"

橙子本来哭声渐弱，但被专家喊了名字后，不但没理会专家，反而更放声哭起来，小凳子也不推了，要往门外跑。我拦住橙子，心里暗骂："你个专家学什么不好，偏偏学《新闻联播》播音员面无表情地说话，不知道我儿子就怕这样的一副嘴脸吗？”

甄专家看了橙子的表现，在病历上写完了最后一笔，说：“你们去隔壁填个表，再做个测试。”

顺手向外一指，接着就喊：“下一个，十号。”

我对专家的效率佩服得五体投地，拉起了哭泣的橙子，到了隔壁。领了一张孤独症行为量表，简称 ABC 量表。它是根据孤独症儿童特有的各种行为的程度得分来判断孤独症儿童的程度的。这个表我前一天已经在网上找到，67 分以上就达到诊断标准。橙子完全符合诊断标准。

小树林一家也还在这里。小树林爸爸妈妈正在为“经常旋转碰撞”这一项争论着。小树林爸爸不想小树林得太多的分数，但小树林妈妈认为应该实事求是。

橙子的量表，我们完成得很快。这些表简直就是专门为橙子设计的，他那些平时看起来怪异的行为，都在 ABC 量表中一一列出。

110 分！橙子人生的第一份答卷，得了一个高分。只不过，这份答卷，分数越高说明病情越严重，这个结果说，橙子已经属于重度自闭症了。

这时一个护士过来，说要做一个智力测试。小护士像甄专家一样面无表情，这也许是这个医院的风格。她拿了积木想让橙子搭。橙子根本不理会，妈妈在一旁着急，稍一强迫，橙子又大哭起来。

小护士说这个测试没法做了，让我们拿了量表回甄专家的诊室。

回到诊室，正遇到小树林妈妈红着眼圈出来，小树林爸爸则默不作声，领着小树林在后面跟着。

也算有了两面之缘，和小树林爸妈点了点头，本想打招呼说“你好”，但又一想，到这里的人都是倒霉到家的，哪里还有什么好，便没出声。

进了诊室，甄专家看了量表，就说：“你们的孩子是孤独症。”

我和妈妈没说话，等着她继续说下去。但甄专家顿了几秒。

后来，在我认识了多位在甄专家这里确诊的孤独症儿童家长后，才知道大多数家长这时候即使没有失声痛哭，至少也会表现得很痛苦。

然而甄专家此时并不知道，在我们来到她的诊室之前，已经自己根据资料，知道了孩子是孤独症，并提前把眼泪哭干了。所以我们的平静，反而出乎了她的意料。

我直截了当地对甄专家说：“我查了资料，就知道我儿子是孤独症了，我今天关心的是，他为什么会得这种病，又如何来治疗呢？”

甄专家没有表情的脸上掠过一丝不悦。

“孤独症的病因至今不明，也没有任何治疗的方法。”

我心想，这不是和我网上查到的资料一样吗？我半夜来排队，就是来听这句我在互联网上也能查得到的话吗？这个孤独症专家的买卖，也太好干了吧。

“唯一的办法就是训练，”专家继续说，“虽不能治愈，但是可以改善。”

“能改善到什么程度呢？”

“要看孩子的程度，训练的强度和方法。孩子发现的越早，训练干预的效果越好。”

这话说得让我内疚，如果不是我抗拒接受橙子可能会有问题的观点，我应该能够更早发现橙子的异常，这样就可以更早地干预了。

我记忆力不好，怕有什么忘了问的，于是掏出了笔记本，发现还有一条没问过，就问专家：“请问禁食麦类和牛奶类食物对孤独症小孩会有帮助吗？”

“没有任何帮助，”甄专家斩钉截铁地说，“这个完全没有科学依据。”

专家终于说了句有用的话。我松了一口气，不用担心橙子需要禁食的话会没有食物可吃了。

专家虽然不会治疗孤独症，但还是给我们指了条明路：开了几百块钱的谷维素；到流园医院内部的孤独症协会去买书；给了一个叫七色羊的训练机构的地址。

谷维素买回家后阅读说明才发现和孤独症没有任何关系，丢在抽屉里存放一年后扔掉了。

到孤独症协会去买书，发现那些书的内容，都可以在互联网上查到，就没有买。孤独症协会的人问愿不愿意留下联系方式，我心想，可能现代医学对孤独症的治疗一旦有突破，他们就会立即通知我们，于是便毫不犹豫地留下了电话号码。

在买书的时候又遇到了小树林一家，大家互相留了联系方式。我们也算是难友了。小树林妈妈说："专家看病用的时间比小大夫还短呢。"

我纠正她的话，说："这里哪里有看病的大夫？这里的人充其量是做鉴定，盖章贴标签罢了。"

告别了小树林一家，我心急如焚，恨不得橙子当天就可以进入七色羊，开始训练。

从流园医院出来，刚到中午，找了个食品商店买了面包香肠矿泉水，便乘坐出租车，向七色羊驶去。

七色羊位于城乡结合部的一个院落，教学楼是一栋二层小楼，砖墙表面覆盖着惨绿色的漆，显然新近简易装修过。小楼前是一个大约二百平方米的院落。

校长是一个中年妇女，长得像甄专家的妹妹。不过她肯定不是甄专家的亲妹妹，因为她不姓甄，她姓郑。

另一个不同是面部表情达到了正常人水准，谢天谢地，我真的再也无法忍受和没有面部表情的人说话。

"你们怎么知道我们七色羊的？"郑校长见面的第一句话。

"我们刚从流园医院过来，那里的医生……"

"是哪一位？"还没等我说完，郑校长就打断了我。

"甄大夫。"我说。话音刚落，郑校长在我们的登记名字上做了记号。这个熟练的动作让我想起了我和你妈妈在旅游的时候，看到卖纪念品的商店售货员在账本上为不同的带队导游作下记号时的样子，看来每个行业都是如此的相通。

“我们是和流园医院合作办学的正规孤独症训练机构。”郑校长向我郑重介绍道，同时顺手指了指挂在墙上的照片，高矮胖瘦的男男女女穿了白大褂站在七色羊的小楼前。看了照片，我立刻就对郑校长的话深信不疑，因为在人群里我看到了甄教授没有表情的长脸。

“我们的教师全部具有大专以上特教专业学历。”郑校长领着我们在教学楼里参观，边走边说：“这里是感统训练室。很多孤独症小孩都有感统失调问题，感统训练会帮助他们。”

感统室是一间大房间，里面放了斜的坡道、平衡木、蹦床等。两个年轻的老师正带着几个孩子趴在滑板上，从坡道上冲下来。郑校长介绍，冲滑板可以刺激孩子的前庭神经，帮助开口说话。

看到蹦床，橙子突然挣脱妈妈的手，跳到蹦床上蹦了起来。

我赶紧抓住橙子，把他扛在肩上，跟着郑校长出了感统室的门。橙子又哭了起来。

继续走，郑校长说：“两边都是个训室了，你儿子的哭声，会影响他们，我们就不看了。”

说完，就带我们回到了校长办公室。

“我们这里是半天教学，你们可以选择上午或是下午班。学费是两千五百块钱一个月。现在所有的班都满了，我已经给你们登记上了，回去等通知吧。”

“需要等多长时间呢？”

“大概半年时间吧。”

从教学楼出来，我心头上火，心想这么贵的学费还要等半年时间，橙子可是不能再耽搁的了。

这时，一胖一瘦两个三十岁左右的女人从院门外走进来。

妈妈把橙子交给我看管，迎着这两个人走过去。

“请问你们的孩子是在这里训练吗？”妈妈问。

“是呀。”瘦女人回答。

“你们觉得这里训练的水平怎么样？”

“这个我们也不知道，这里的训练课是不让家长看的。”瘦女人回答。

“为什么不让看，这样家长怎么知道如何训练孩子呀？”妈妈问。

“校长说，这是怕我们分散了孩子的注意力。我觉得学校就是不想让家长知道如何训练的，这样你就得一直把孩子放在这儿。”瘦女人继续愤愤地说。

“不过呢，效果还是有的。”胖女人接过了话茬，“我的孩子上一次训练进步了不少，可是回家后又退步了。这不，攒够了钱，又来过了。”

妈妈继续问了她们孩子的状况，三个女人自来熟，叽叽喳喳地聊起来了。

橙子不耐烦，拉着我向外走，我最后听到是三个女人在一起叹息着命运不公平。

回家的路上，妈妈说：“这个机构不好。”

一天没有带孩子，薛大姐把屋子收拾得干干净净，我们到家的时候，饭也做好了。

看我们都面色阴沉，薛大姐也猜到情况不妙，小声问妈妈：“医生怎么说？”

妈妈答道：“就是孤独症。”怕薛大姐不明白，又补充了一句：“很严重的病，是一辈子的残疾。”话还没说完，已经哭出了声，手捂着脸，跑进了卧室。

薛大姐也许是想安慰我，指了指在玩儿积木的橙子说：“我看这孩子就挺好，你看他会把这么多积木排得整整齐齐一条线。”

我说：“这正是他患这种病的表现。”

说完，把橙子留给她，也进了卧室。

我和妈妈相对而坐。妈妈还在哭，我本想劝她，话还没出口，自己的眼泪却也失去控制落了下来。算了，一起哭吧。

不知过了多久，两个人哭累了。

“我们的孩子将来该怎么办呢？”妈妈抽泣着对我说。

“经过训练，有很少的一部分会过上正常生活。”我顿了顿接着，回忆着前一天在网上查到的信息，接着说：“但是那是很轻微的，橙子算是严重的，有可能训练也不会有效果。”

我想：“今天一定要做个决定。”便对妈妈说：“你觉得儿子对我们来说重要吗？”

“当然，他是我生命中最重要的了。你们这话什么意思？”妈妈瞪大了眼睛，反问到。

“我们有两个选择，放任自流或全力拯救。”我说。

“当然要全力拯救了。”

“即使不惜一切代价，即使毫无收获？”

“对！”妈妈对答案非常肯定。

“现在，我们要有一个人带他训练。”

“那好，我请假。”妈妈说。这也是我想要得到的结果。

然而冷静下来，妈妈想起了什么，对我说：“可是这学期，我是班主任，又是计算机的任课老师。这学期有两个老师刚调走，现在又刚刚开学……”

“我懂了。”我坐到妈妈的身边，搂住她的肩膀，说：“不能因为要拯救我们的孩子，就耽误了别人的孩子。明天，我向章总请假。”

“可是，你的工资比我高，你要是请假，我们家经济就太紧张了。”妈妈担心起我们的生计。“那个七色羊，学费又那么贵。”

“我试试和章总商量，看看能不能把设计拿回家来做。”我想出了一个办法。

“那样的话，你就太辛苦了。”妈妈擦干眼泪，望着我。

“这是命里注定的，我们做好准备，先辛苦两年再说吧。”看着妈妈还在流泪，我也不再安慰，却说：“你就使劲地哭吧，今天哭完了，明天开始，打起精神，拯救我们的橙子。”

7 寻找训练机构

一大早到了公司，先找到章总，没想到一开口说橙子的事儿，鼻子就发酸，眼泪竟擅自溜了出来。平静一下之后，我说："在这学期，我老婆还请不了假，所以在七月前，大概有四个月的时间，我要带橙子训练。我想找到训练机构后，白天带孩子训练，回家后，可以在家做些设计。"我又补充说："也许找到的训练机构只是训练半天，这样我的时间还是很充裕的。"

章总说："孩子要训练，就放心地去，不要顾虑公司的工作。你知道，公司是有保密制度的，把设计拿回家作，不方便。"

我知道我未来几个月是不会有收入了。不过我设计的空气弹簧喷码机项目，我相信还是有前途的，我想到时候奖金总是少不了我的，全年的收入是会有保障的。

章总接着说："就批你四个月的假吧。把手头的工作交接一下，明天就不用来了。"

交接完工作，才到中午，也无心在公司逗留，也不想再和别人告别，只是默默地离开了公司。

回家后我在互联网上搜索了一夜北京的自闭症训练机构，记下了两家的地址，找来地图标好位置，准备去一一考察。早晨，一家人还在吃饭，有人急促地敲门，舅舅到了。

原来妈妈昨日已经打电话给她的哥哥姐姐，诉说了橙子诊断的事。舅舅本来就要来北京进货，就先来了我家。大姨还托他带来几千元钱，算是救急。

看见了亲人，妈妈又哭，说不出话来。舅舅快人快语："都这样了就别再哭了，哭也没有用，赶紧想办法吧。"

妈妈本来是准备去上班的，但此时情绪难以控制，怕去了学校也无法讲课，便向学校告了假。舅舅也不急着进货，开着他的那辆别克公务舱，载着我和妈妈去作考察了。

第一站，是在网上找到的出现频率最高的北京心心语，据说这是中国第一家专门为"孤独症"儿童服务的教育机构。这个机构位于北京的东南郊一个叫作南梓的村子的一个有围墙的大院里。

在心心语，一个姓贾的女教师接待了我们。

"请坐。"老师指着墙边的一排椅子说："你们的孩子诊断了吗？"

"诊断了，就在前天。"我回答。

"能给我看看诊断书吗？"贾老师问道。妈妈把诊断书递了过去。

"52370"，贾老师念叨着，在一个小本上记下了一个数。我还真不知道诊断书上这个编号的含义，就问她这是什么意思。

"这是到目前为止流园医院诊断的自闭症儿童数量。"贾老师说："现在这个病增加得很快。在我们这里报名的家长越来越多，你们现在报了名，也要排半年才排得到。"我心里着急，恨不得橙子马上就能开始干预训练，听到这话，不免有些失望。

拿回诊断书，我才发现诊断书上写的是自闭倾向。便问贾老师："甄大夫明明说得很严重，怎么才写个倾向呢？是不是我们还有希望？"贾老师说年龄小的孩子，无论多严重，初次诊断一般都写倾向，以后再去，才会最终诊断为孤独症。我说，我再也不去了。

接着贾老师向我们介绍了心心语的情况，和我在网上看到的差不多，就是国内最早、师资最好等评价。

“你们办得这么好，流园医院的大夫为什么不建议来我们这里训练呢？”妈妈问得有些天真了。

“大概他们不喜欢我们吧。”说完贾老师继续介绍说：“我们这里是训练孩子，更训练家长，让家长学会训练方法后，回家继续训练孩子。”

“这样好！”妈妈毫不掩饰自己对这种办学方式的赞赏：“我自己就是老师，学会了就可以自己教孩子了。总不能让孩子一直待在机构里吧。”

贾老师微笑着点了点头，说：“我们一个学期三个月，收费才5000元。我们现在还有很多的国际交流，掌握最新训练方法。除了国内老师，还有国际志愿者参与。”说话的同时，嘴角向院子里撇了撇。我回头看到一个金发碧眼的女孩，正看护着这里的小朋友。

接着老师又帮我们做了测试。还是同样的ABC量表，得到同样的结果。

贾老师看了量表，说：“你们的孩子还是挺重的，千万不能耽搁。”

我和妈妈心里沉甸甸的，都没说话。舅舅倒是开了腔：“在你们这要排半年队，又告诉我们不能耽误，你倒是说说该怎么办呢？”

“先报名吧，排到之前，你们可以去别的机构看看，小机构是不需要排队的。”

说完，贾老师好像又想起什么，说道：“哦，对了，你们知道禁食吗？”

“在网上看到过，说是不吃牛奶和小麦。管用吗？”我问道。

“这个得试试才知道。我们这里有些家长给孩子禁食，很有效果，就一直在禁，有些试了，没有用，就不再禁了。”

“哦，是这样。”我嘴上应着，心里却想，尽管我不喜欢流园医院甄大夫那张没有表情的脸，却还是赞成她关于禁食疗法不科学的论断，毕竟流园医院是权威医院，“心心语”只是一所民办学校。

告别贾老师离开心心语的时候，已经接近中午了。我们随便找了一个小馆子吃了午饭，别克公务舱就载着我们三个人奔下一个训练机构而去了。这个机构有一个响亮的名字，叫作“明日太阳”。到了一看，它位于一栋居民楼的一个套间里。按了防盗铁门上的门铃按钮，一个烫着如同菜花般的满头卷发的胖女人开了门，让我们进门。

进门后，看到一群小孩被圈在客厅里，几个老师带领着，或作抛接球，或走平衡木。另一个房间，几个孩子坐在桌子旁学习写字。

菜花头自称是这里管事的杨主任。经过她的介绍，了解了这里的训练和七色羊一样，家长也是不能看的。或者说，家长想看也没有足够的空间。妈妈问道何时可以来训练？杨主任的回答正如“心心语”贾老师所说的小机构那样，立刻就可以来训练。

这时候，我看到一个五六岁的男孩，把手伸进裤裆里。

“掏出来！”一声怒吼如晴天霹雳。一个年轻的女老师瞪着双眼怒吼着，同时用手指着这个男孩。男孩怯生生地掏出了手。

“我们再考虑考虑吧。”妈妈嘴上说着，心里已经把这个太阳否定了。向杨主任告了别，拽着我的胳膊，走出了房门。

“我们不在，那个老师一定会打那个摸小鸡鸡的男孩，”妈妈说，“不然的话，那个男孩不会那么害怕。”

“要是打能管用，你也会打孩子的。”舅舅不以为然地说。

“不，我才不会。”妈妈回答道。

三人上了公务舱，舅舅开车把我们送回家，就急着去进货了。

没能找到合适的机构，我和妈妈万分沮丧，回到家，继续在网上查找训练机构的信息。

就在我们为找不到机构而发愁的时候，妈妈接到小树林妈妈打来的电话，说她给小树林找到训练机构了。

“人家外地来的，效率倒是更高，什么机构呀？”我急切地问道。

"在定海培智学校。"

"那个不是智障孩子上学的学校吗？好像得等到上小学的年龄，才能去吧？"我粗略地知道培智学校是怎么一回事儿，所以不解地问道。

"这个学校这两年新开了学龄前自闭症儿童的培训班，现在还有名额，问咱们去不去呢。"妈妈征求我的意见。

"去，当然去，好歹是个正规学校呀。"我答道。

"那好，我也是这么想的，小树林妈妈说定海培智全天需要家长陪同，也正符合我们的要求。"妈妈说。

星期一，妈妈请了假，和我一同到定海培智为橙子报名。

刮了一夜的风还没有停，暖冬过后接踵而至的是倒春寒，像是要为过多付出的热量找回平衡。虽然脸被风吹得有些刺痛，但是心情还好，因为风也吹散了雾霾，天是蓝的。

966路公共汽车就停在定海培智学校门口，一下车，就可以看到它的蓝漆铁栅栏门，夹在两栋临街的板式居民楼之间。栅栏门旁边站立着保安，我们向他说明来意，他指了门内的传达室，叫我们去登记。在传达室留下了我们的姓名、工作单位、电话并出示了证件后，我们被允许进入学校，到指定的招生办公室。

"这里还是蛮正规的。"我边走边对妈妈说。

走过了一段通道，相当于绕到了临街居民楼的后方，眼前豁然开朗。一个有标准的200米跑道的操场出现在眼前。环绕着操场，分别是两栋四层白色教学楼和一排平房。平房一侧的空地上，有一些户外运动器械。

"这里的硬件条件比我上的初中大钱各庄中学都好。"妈妈赞叹道。

招生办的黄老师接待了我们，她滔滔不绝地向我们介绍说："现在我们的二至六岁自闭症儿童培训班已经办了两年了，效果挺好。我们的课程在上午以大运动为主，包括体能训练和感统训练，期间每个孩子轮流上半小时一对一的语言训练课，午餐有订餐，午餐后有一个小时的午睡时间。

下午有两节精细课，放学前还有集体游戏时间。上课时间和义务教育的班级相同，我们一个学期的学费是一万元整。这学期开学已经一个星期了，现在还有个别名额，你们现在能决定了吗？”

我和妈妈交换了一下眼神，就作了决定：“就是这儿吧。”

妈妈将早已准备好的钱交了，黄老师写好了收据，交给妈妈。黄老师说：“你们愿意的话，可以在学校里先看看，注意保持安静，别影响孩子们上课就行。明天就直接带着孩子来吧，早晨 8 点到 B 教学楼一层第七教室报道。记着上课时需要有一个大人陪同。”

出了招生办公室，来到了操场，看到了一群人正在沿着操场跑。仔细一看，原来是十几个大人各自带着个三四岁的孩子在跑。远远地认出了小树林妈妈拉着小树林，也在队伍中。

我和妈妈站着看了好一会儿，这个队伍还是跑个不停，我说：“我们先回家吧，反正明天我就带着孩子来了。”

“再等会儿，”妈妈说：“我想先多了解一些。”

又等了好一会儿，跑步的队伍才算停了下来。小孩子们有的哇哇哭着，不知道是不是累的，有的则一脸木然，呆站在操场边。大人们大多一边喘着粗气，一边看护着自己的孩子。

小树林站着不动，喘着气，从兜里找出了一张扑克牌，贴到脸上。我猜一定还是一张红桃 Q。他妈妈在旁边，双手扶着膝盖，腰则几乎弯成了 90 度，喘着气，一头长发，几乎垂到了地。头发是黑的，她染了发。

看到我们走过来，小树林妈妈开口道：“哎呀妈呀，真累死我了。我们今天才是第一天，我看我快坚持不下去了。”

“没关系，时间长了应该就适应了。”妈妈安慰道。

“你们跑了多少圈？”我问。

“跑了十圈”小树林妈妈喘着气说。

“这么小的孩子跑十圈。”我心里大惊，不只为小孩子，还为我的命运。

毕竟我多年缺乏运动，外加我有骶骨痛的毛病，明天也要带着橙子做这样的大运动了，还不知道我能否坚持下来。

“跑十圈之前，还要跑30分钟的楼梯呢。”小树林妈妈说，“状态好的孩子，自己跑还好，我的孩子只能这么领着，他跑多少我就得跑多少。”

我的脑袋一阵发蒙，觉得明天就是世界末日了。妈妈像是看出了我的心思，对我说：“刚好你也该减减肥了。回家路上我给你买身新的运动服。”而我虽然心里想着我脆弱的骶骨，当着两个女人的面也不好示弱，只好勉强地点点头，说：“好吧。”

这时候，一个年轻的女教师招呼着，“集合了，集合了，该做感统训练了。”

大人们拉着自己的孩子，排成了一排。小树林妈妈和我们摆手告别后，也拉着小树林，落在队伍最后，向着操场另一侧的平房走去了。妈妈拉着我，出了校门，坐上938路公共汽车，往金五星服装批发市场去了。

8 魔鬼训练

星期二的早晨，我穿上了妈妈在金五星服装批发市场给我买的运动服，外套一件棉衣，带着橙子，来到公共汽车站。

冷风还在吹，橙子虽然穿了件长身羽绒服，小脸还是被冻得通红。好在等不多时公共汽车就来了。车上的人比较多，我抱着橙子刚上了车，就有热心人士让了座。一路顺利，上课前十分钟，就赶到了定海培智学校。

进校门的时候，橙子的眼睛紧张地看着周围。我预感到了即将到来的麻烦，索性把橙子扛到了肩上，快步走向 B 教学楼。快到楼门口的时候，橙子终于发作了，大哭起来，在我的肩头挣扎扭动。我的两手都紧紧地抓住他，生怕他会掉下来，转身用屁股倚开楼门。径直走到楼道尽头的第七教室，橙子留下了一路的哭嚎声。

教室里整齐地摆了十七八张小课桌。和一般的教室不同的是，每一张单人的小课桌旁，放了两把椅子。已经有几个家长带着孩子在教室里了。我顾不上和别人打招呼，找了张空椅子坐下，顺势把橙子放到地上。橙子还是哭，我稍不留神，他挣脱了我躺到了地上。不得已，又把他强行拉起，揽在怀里，重新坐下。这时我的脑门上已经满是汗水。

“您是曹橙子同学的家长吧。”一个清脆的女声传来，我抬头一看，一个年轻的女教师站到面前。

我点头称是，女教师接着说："我姓赵，是这个班的带班老师。"然后指着后面的座位说："这是曹橙子的座位，你们可以把多余的东西放在这里，下午的精细课，你们就坐在这上课。"

我拉着橙子坐到指定的位子。这时这个班其他的小朋友都在家长们的带领下陆续到齐了。小树林母子俩是最后进来的，就坐在我们前边。小树林妈妈坐定了，扭过头来，打了招呼，突然伸出大拇指对我说道："你真是个好爸爸。"

我不解地问道："我有什么好？"

"你看看这班里基本上都是妈妈或者阿姨带孩子来的。"小树林妈妈说。我环视一周，发现我还真的是唯一的男性家长。于是我向她解释了，橙子妈妈是教师，不好立刻请假，所以我就来了。

上课时间到了，赵老师对大家说："今天我们班又来了新成员，曹橙子小朋友，是我们班的第十四个成员，大家欢迎。"这时几乎所有的大人，都抓着自己孩子的双手，互相拍击，算是热烈鼓掌。我举起了橙子的手，像是在摆弄一个玩偶，向大家挥手致意。赵老师接着说："现在，开始我们的第一项内容，跑楼梯，请大家跟我到正门大厅。"

大家此时都把大衣脱掉，放到座位上。大人们拉着自己的孩子，鱼贯而出。橙子的哭声也刚刚止了，我领着他，跟随着大家来到了正门大厅。大厅的两侧有到二层的楼梯，有二十几级。赵老师又特意向我讲解了跑楼梯的规则："家长带着孩子从右侧楼梯跑到二层，然后再转到左侧楼梯回到一层。保持逆时针方向，注意不要和别人相撞。时间是半个小时，要尽量快，记住跑的圈数，结束的时候做一下记录。"

别人已经跑起来了，我拉着橙子，准备上楼梯，他哪里肯从，又踢又打，使劲抗拒。没办法，只能从后面把他强推着上了楼梯。橙子不高兴，又哭了起来。他的哭声也触到了另外几个孩子的伤心处，于是，哭声连成了一片。

推他上楼梯，我弯着腰，手上几乎承担了他大半的重量，到了下楼梯的时候，怕他摔了，又要向上提着他的手。几个往返，就冒了汗，骶骨也开始隐隐作痛。

就这样，上拉下推，艰难的半个小时，总算熬了过来。几乎每个人都喘着粗气，我不单单喘着粗气，还岔了气，因为临近结束的时候橙子一个趔趄，差点从楼梯摔下来，为了能及时拉住他，我跨了大步窜下来，劲儿使得猛了。

本来我想问赵老师两岁半的孩子做这么大的运动量是否合适，但顾虑到这刚是第一天，问这样的问题会让她觉得我对学校不信任，便忍住没有问。又看到班里还有和橙子年纪相仿的孩子，心想人家的孩子行，我的孩子应该也行，想到这里，心里也就释然了。

2000 米跑开始了。大家大致排成一列纵队，本来小树林娘儿俩排在最后，现在，我和橙子排在他们后面。橙子一定还没搞清楚怎么回事，就被我强拉着开始跑了。经过跑楼梯，橙子大概已经明白，今天要做的事儿，反抗是没有用的。然而对我来说更糟糕的是，岔气后，我的右肋内部钻心地痛，跑起来后，更是每跑一步都会剧烈地坠痛一下。橙子也不容易。我每跨出一步,他的两只小脚要来回倒腾四次。跑了不到一半,他就开始哭了。整个后半程，他都是靠我拉着完成的。我低头看着喘着粗气，哭着，不情愿地被我拉着跑的橙子，仿佛是看到了一只被猛兽驱赶着迁徙的羊群中的一只幼崽。好在我的骶骨痛并没有加剧，还在可以忍受的范围，加之大家跑的都不快，我拉着橙子，勉强还能跟上队伍。

就这样忍着岔气带来的坠痛和骶骨的刺痛，拉着橙子，终于跑完了 2000 米。跑完后，照例是十分钟休息时间。有的孩子累的都哭了，大人们也喊着累。我不喊累，因为我根本已经说不出话来了，右手按着肋骨，左手捶着骶骨，龇着牙找棵树靠着。橙子也撅着嘴，一脸的痛苦。

休息结束后，大家往感统室方向走了。我正要拉着橙子同去，却被赵老师喊住："橙子爸爸，现在轮到橙子上个训课了。"这个班的孩子每人每天都要有半小时的时间接受个训。个训采用的是简称为ABA的应用行为分析法。这时候我对ABA的认识就是它是来源于驯兽的方法：狗熊做对了，驯兽员立刻给狗熊一颗糖豆吃作为奖励，强化它正确的行为；狗熊做错了，驯兽员则漠视狗熊的错误行为，使之逐渐被淡化。我很难接受对橙子采用这样的方法，因为他是我儿子，是个人，不是只熊。但ABA是世界上最流行的训练自闭症儿童的方法，我们别无选择。

个训室是大约只有十平方米的小教室，里面只有一张桌子，两把椅子，赵老师告诉我，上个训课的时候，只有个训老师和孩子在里面，家长就可以趁机休息一会儿。

橙子的个训老师是一个姓于的女老师，年轻且瘦弱，肤色白皙。在个训室门口，于老师说："橙子，进来吧。" 橙子从来都是惧怕狭小的空间的，这样小的个训室，他自然不肯进。我从身后一把将他推到个训室里面。意识到置身于狭小的空间内，巨大的恐惧感使得橙子拼命挣扎着要出门。我搂着他把他按到了椅子上。他又开始哭个没完。我这样搂着他，过了好一会儿，他总算不使劲地挣扎了，只是哭。于老师示意我可以出去了。我走到门外，刚关上门，就听到里面哭声更大了。紧接着橙子冲出了门，我一把搂住了他。于老师跟着出来，脸上挤出歉意，对我说："他的动作可真快，我一把没拉住。"

我又把橙子押回个训室，强按到座位上。于老师意识到她的力量不足以控制住橙子，便对我说："橙子爸爸，你就留在这吧。"于是我又找来一把椅子，坐在橙子身后，两只手抓着橙子的衣服，令他动弹不得。

于老师开始喊橙子的名字，并想让橙子理解是在喊他，因此喊的同时用手来扳橙子的头。橙子却还是哭着不理会，还趁人不备，抓了于老师的胳膊，害得她"哎哟"一声，白嫩的手腕上，浮现出两道浅红的印记。这次轮到我说抱歉了。

就这样两个大人对付一个小孩，一直僵持着，直到半个小时过去了，也没有进展。两个大人都倍感失败。我心里沮丧地想，我儿子竟然连像驯兽师给狗熊喂一粒糖豆这样的机会，也没得到。

个训课结束，我和橙子便要去和大部队会合，参加感统训练了。感统训练是感觉统合训练的简称，用来训练自闭症儿童听知觉、前庭平衡觉、本体感觉、触觉和视知觉等。

感统训练室差不多是普通教室的两倍大，有宽大的玻璃窗，很是明亮。还好，这样的房间橙子是可以接受的。小孩子们都在做着不同的感统训练项目，橙子先是被赵老师领去作冲滑板。滑板就是一个宽一尺半长三尺的长方形木板，下面安装了四个轮子，小孩子趴在上面，目视前方，从一个坡道上冲下去。据说这样可以刺激前庭神经，促进小孩早日开口说话。

橙子居然很喜欢冲滑板，当滑板达到最高速度的时候，我竟听到了他的笑声。这是今天他的第一次笑。

一连冲了七八次滑板，赵老师又安排橙子作大龙球训练。这个大龙球是个布满了小突起的软塑料充气大球，直径一米左右。橙子趴在球上，我抓住他的腿，来回拖动。他的头一次次地朝向地面冲去，再拉回，如此反复。这样可以刺激他的前庭和触觉神经。

做完了大龙球训练，橙子又练习了一会儿走平衡木，上午的大运动时间就结束了。大人和孩子们都十分疲惫，就连橙子，这个总是充满精力的多动的小孩子，也累得打了蔫。我问小树林妈妈："下一步该做什么？"

"去食堂吃饭。"她答道。

去食堂的路上，我问小树林妈妈："你是怎么发现这个机构的？"

"这次来流园医院看病，我们一家就住在这个学校东墙外的如家酒店，小树林爸爸路过这里，看见学校门口的自闭症训练班广告板，就问了传达室，才知道有这个训练班的。"。

"小树林的爸爸呢？"

“他已经回黑龙江了，他得挣钱养活我们。”

到了食堂，送餐的车还没到。这时，赵老师举着一根香蕉，招呼着孩子们。她为了培养小孩们的注意力和积极的态度，让孩子们来伸手够这个香蕉。孩子们陆续围到赵老师周围，向上伸着手，有的还会跳起来抓。

我也把橙子推到前面。可是他根本就不伸手，更不会跳起来。我正着急地给他加油的时候，橙子却把一把椅子推到赵老师身边，自己爬上椅子站起身，一把抢下了香蕉。

“还是这小子机灵。”小树林妈妈说。大伙看着抱着香蕉的橙子，都难得地笑了。赵老师帮橙子剥开了香蕉皮，橙子吃了起来。我的脑子里却浮现出大猩猩利用工具吃到高处的香蕉的画面。

送餐车到了，每家一份盒饭。菜色荤素搭配，还算可口。每家大人都是等小孩吃完，再吃剩下的。橙子明显比平时吃的多，等我吃的时候，就只能吃个半饱。少吃多运动，减肥的不二法门，以前总是没毅力去做，今天终于做到了。

吃完午饭，是孩子们的午睡时间。大家来到第七教室旁边的一个大厅，大厅的一角堆了一堆的儿童行军床。家长们取了行军床，支好。孩子们都累了，纷纷躺到床上。橙子从未在白天睡过觉，躺在床上睁着眼睛玩儿。没办法，我只好用手有节奏地拍着他的屁股，这样又足有十分钟，橙子终于睡着了。

小树林妈妈和另几个家长凑在一起聊着天，我的岔气还没缓过来，不想多说话，便把板凳放到墙根，靠着墙坐了，手按着我肋部的痛点揉着，不知过了多久，竟迷迷糊糊睡着了。

朦胧之间，孩子们起床的声音把我惊醒。揉了揉眼睛，看橙子还睡着，便走想过去想喊醒他。谁知道他睡得正香，怎么叫也不行。最后只好把他抱了起来，直接立在地上。这一招也不管用，橙子迷迷糊糊闭着眼，伸着手向着小床方向倒去。

别人都出门了。我抱着橙子，跟着大伙，来到了下午上课的教室。

把橙子放到了座位上，摇晃了好一会儿，他才慢慢睁开了眼。

“看把这孩子累的。”小树林妈妈心疼地说：“这些孩子将来不出几个国家级运动健将，真对不起从小就做的这么残酷的魔鬼训练。”

下午是两节精细课。第一节是穿珠子，就是用细线把带孔的珠子穿成一串，练习小孩的精细动作。根据以往经验，橙子肯定是不会老老实实地坐在座位上上课的。

然而，橙子竟能够一直乖乖地坐在座位上。看来是上午的运动量实在是太大了，橙子也没了力气折腾。赵老师发给每个小朋友一只盛满塑料珠子的碗和一根细绳，向大家演示把珠子穿成一串，最后两端打结，成为一个手链。

大孩子发的珠子小，孔也小，穿起来难度大一些。橙子年纪小，发的珠子大，穿起来容易得多。可是橙子却很难把绳头穿到珠子孔里，他对手指的精细运动控制的确太差了。这样我不得不抓着他的手去穿，做个示范。但他自己独立做，还是不行，直到临近下课，还没穿成一个，不得已，我亲自穿了一串珠子，做成手链，戴在他的手腕上。

下午的第二节课，是练吹，说得学问点儿就是练气息。赵老师讲，很多自闭症小孩的气息很弱，造成无法发音或者说话费力声音小。因此一切可以吹的东西都可以拿来给孩子练习。赵老师给每个孩子发了一个哨子，教孩子们吹。断断续续的哨声传来，真就没有一个能吹得声大的，甚至有的孩子根本就吹不出声。

橙子吹出的声音很小，基本上就是气流声夹杂着一点含混而微弱的哨音。吹着吹着也就烦了。这时赵老师开始带领孩子们唱儿歌：

“一只小鸡叽叽叽，

两只青蛙呱呱呱，

三只小猪呼噜噜，

四匹小马呱嗒嗒，

五个哇哇笑哈哈，

分吃一个大西瓜。”

赵老师把儿歌每一句后半部的象声词都唱的声音特别大并配上夸张的表情，试图引起孩子们模仿的兴趣。她确实做得足够好，即使这一班自闭症儿童，也大多有了兴致，张着嘴咿咿呀呀地跟着唱起来，只是没人能听清楚他们在唱什么。

下午两节课上完，剩下的就是游戏时间。在操场上，两个老师手搭手形成一个门洞，孩子们站成一个圈，轮流从门洞钻过。老师们嘴里念念有词：

“一网不捞鱼，

二网下小雨，

三网捞一个小尾巴，小尾巴，小尾巴……鱼！”

当拉长了音的小尾巴突然以一个“鱼”字结束时，两个老师迅速蹲下抱住正在通过的小孩子。小孩子们在小尾巴的长音中都会尽量快跑以避免被老师逮住。

橙子开始不懂规则，我放手让他自己钻过老师的腋下，他却跑到了圈外。后来他看到别的小朋友被抱住，就改了主意，每次通过老师的腋下时，故意站住不走，等着当那个小尾巴鱼，被老师逮住还特别开心。看来他还是能够感受到与人游戏的快乐，我心想着，竟感到一丝宽慰。

做完三个游戏，孩子们就放学了。回到家，我让薛大姐陪着橙子，自己直接躺倒在床上，直到第二天早晨。就连晚饭都是妈妈送到床上我才吃的。

星期三，熬过了跑楼梯和2000米后，橙子的个训课换了个新老师，是个男老师，姓杨。他有线条分明的国字脸，浓密的扫帚眉，环眼阔嘴，健壮的身板。我以貌取人，问道：“你是体育老师吧？”

“是。”杨老师回答：“今后我就是橙子的个训老师了。”

后来我才知道，瘦弱的于老师经过和橙子的一个回合的交锋后，便认输败下阵来。经过紧急研究，大家一致认为教体育的杨老师是能够单兵作战制服橙子的最佳人选。杨老师也想在教体育之外，干点技术含量高的活。但是他没有接受过特殊教育的专业训练，因此一直没有机会作个训老师。反而是橙子给了他这个机会，使他能够边干边学，成为个训老师。

杨老师和橙子进了教室关上门，我就听到橙子哭，一直哭到下课。这种情况几乎持续了两周。再往后，哭声才渐渐稀了。大约一个半月后，橙子才能一直不哭地上完个训课。

而我最担心的骶骨痛，倒并不严重，一直处在可忍受的程度。也许每天的运动改善了血液循环，对我的骶骨还有好处。

9

乱刨病根

橙子入学定海培智两周后的一天，妈妈说接到流园医院的孤独症协会打来的电话，要举办ABA家长培训班，三个整天学费1000元，问要不要参加。

“要去还是你请假去吧，我还得带橙子上课呢。不过学费怎么这么贵？”我问妈妈。

妈妈白了我一眼，说：“当然是我自己去。你带了橙子两个星期，一对一的ABA个训还是不会。协会的人说这次讲座都是由国内最好的专家主讲，这个费用很公道了。”

“好，那你就去吧，你是老师，学这个快。我还是喜欢让儿子在快乐中学习。”我反驳着，心想橙子在杨老师的个训课上总是哭，能学到什么呢。

“一定有甄大夫吧。”我突然想起那张面无表情的长脸，于是严肃认真地说：“你要去可以，不过要做好心理准备，别再被专家整哭了。”虽然橙子诊断已经过去二十天了，妈妈想起来还是哭，特别是受不了外界的一点点刺激。我真的怕战斗力无比强悍的专家们摧枯拉朽地把妈妈心理最后的防线也给攻陷了。

“好吧，我已经哭得差不多了。我也不想哭了。我把专家的表情屏蔽掉就是了。”妈妈最后说。

ABA 家长培训班结束后的这一天晚上，妈妈向我讲述了她接受培训的收获。她特别强调了 ABA 是目前最权威的训练方式，其有效性、重要性是毋庸置疑的。但我只是哼哈地应付着。

妈妈对我的态度极不满意，她走到我面前郑重其事地说："你这个家伙，还心不在焉的，你可知道橙子得病，病根就在你这里！"

我吃了一惊，赶忙问个究竟。妈妈接着说："今天的讲座，主持人闫大夫对在座的孤独症家长说，大专学历及以下的举手，有两三个；大学本科的举手，四五个；硕士学位的举手，有二十位；博士学位的举手，剩下的，三十多位都举了手。有的还是两口子清华大学的博士。最后闫大夫说，根据他的经验，父母智商越高的家庭，孩子得孤独症的概率就越高。"

妈妈咽口唾沫接着说："你的学历比我高一点儿，我怕说儿子得孤独症是你的原因你不服气，但你还记得我们的智商测试吧？"

"这个闫大夫也是糊涂。"我对妈妈说，"他在北京定海区统计，当然得到这个结论，这里集中了十几所中国最好的大学，要是他到小树林老家黑龙江那个叫方正的县城统计，我相信研究生以上学历的可能一个也找不到。"

我自以为说得很在理的话，但刚刚被专家们洗脑的妈妈却完全听不进去，她甚至是有些生气地说："你就是这样自以为是，我说点什么你总不信，专家说了你也不信，难怪橙子奶奶说你是墨索里尼总是有理，你这点聪明劲都用在和我作对上了。你智商高我说不过你，但是今天开会的专家都是国内自闭症专业的权威，反正我相信权威专家说的。"妈妈说道。

说起这个智商测试，还是在橙子刚刚出生那年，妈妈通过一个论坛找到的智商测试网站测的，她说听有人说父母的智商就是下一代的起跑线，咱儿子可别输了。妈妈自己测试，只得到一个正常平均水平，就说完了完了，橙子将来就是个普通人了，对孩子的未来没有信心了。说完便让我来做测试。我做完后，得了 168 分，妈妈当时十分高兴，说儿子的起跑线又有希望了，一定要遗传爸爸的智商，将来才会有出息。

我说就这么个破网站，准不准还是回事儿，你怎么能信呢？不是说爱因斯坦智商是160吗？我要是168，爱因斯坦至少得有250的智商吧？

妈妈说："不管怎么样，你现在是这个网站记录的最高值，属于天才级别，你没出息是因为你自己不努力，咱儿子可不能耽误了，现在养孩子最重要的任务就是千万不能输在起跑线上。"

没想到两年过去，一次不靠谱的智商测试结果，在妈妈眼里，已经从儿子成为天才的起跑线，堕落成儿子患病的罪魁祸首。

"别瞎扯了，只是一个网上的智商测试游戏罢了，误差太大了，你不会真以为赶上爱因斯坦了。"我反驳道。

"好事儿赶不上爱因斯坦，坏事儿却摊得上。闫大夫讲了，高功能的自闭症就有另一个名字——爱因斯坦症候群。而且，爱因斯坦家族中真的孤独症、阅读困难、食物过敏、天才、音乐家的出现率就是高。"

听完这话，我再想和爱因斯坦拉开距离，倒像是在推卸责任了。我像是做错了事，抱歉地对妈妈说："要是那样，是我对不起你。你嫁给我，真是委屈你了。这么说只有我的遗传因素？"

妈妈继续说："我是普通的智商，超过百分之五十的人都是这智商。有你的智商的人也许是万分之一，孤独症的发病率是千分之一，所以，很可能就是你连累了我。"

我觉得妈妈的逻辑一塌糊涂。我说："既然是遗传因素造成的，那么为什么自闭症的发病率近年大幅增加？以前为什么没有呢？"

"闫大夫还真的说到这个原因，"妈妈说，"这是因为原来没有自闭症的诊断标准，即使有也是标准太严范围太窄，人们对孩子也没有那么在意，现在都比较关注，就一个孩子，又不能输在起跑线，所以有一个就查出来一个。"

"胡说八道！如果真是这样，只要设定一个标准，比如ABC评分100

以上的重度自闭，调查一下 2 岁、12 岁、22 岁、32 岁及更老的不同年龄段人群就应该得到相同的发病率，自闭症不是终身不愈吗？作这样的调查应当不难吧？你小时候的街坊邻居亲戚朋友有得自闭症的吗？没有吧，我的也没有啊。这些专家，早晚会吃了今天说的话。”我把对专家的愤怒连珠炮般地朝你妈妈发射出去。我当时主要是觉得这些专家总是做出一些无根据的结论，太过草率和不负责任。妈妈却没有听进去我说的话，她只是感受到了我的态度，生气地扭身进了卧室，从背影传来一句：“不理你了，你这个自以为是的家伙！”

我不依不饶地追了进去，继续说：“你就相信专家的话，回来挑自己老公的不是，也不想想我说的有没有道理。”我生气地说。

妈妈也不高兴，愤愤地说：“就你总有道理，认死理，一根筋！”

看着你的妈妈此时疲惫的面孔，我忽然觉得为几个不相干的专家生气实在是不值得。现在大难临头团结最重要，自闭症病因不明，现在刨病根也毫无意义，于是我就对妈妈说：“退一万步，就算你说得对，病根在我这里，那又能怎么样，难道你要惩罚我？”

“我能惩罚你什么，我就让你知道就是了。”妈妈接着说，“我在今天的讲座上还听说了一件事儿，一个男的，孩子得了孤独症后，就抛弃妻子，另结新欢。结果呢，和后来的媳妇生的孩子还是患了孤独症。所以我就让你知道儿子得孤独症的基因很可能是从你身上来的，你要是哪一天不要我们娘儿俩找了别的女人，将来生的孩子也会有问题。”

妈妈的话让我哭笑不得。不过到了现在回想起来，妈妈当时说这话也是有道理的。这些年来在我们接触到的自闭症家庭中，离婚的比例远远高于社会平均水平，许多看起来美满的婚姻正是因为自闭症孩子的降生导致了最后的分离，甚至，更有甚者，家破人亡。

我躺倒在床上，想休息了，妈妈却又想起了什么，说：“一农，再问你两个事儿。”

“什么事儿？”我迷迷糊糊睁开双眼问道。

“你在上学的时候，有读写困难吗？我记得橙子的奶奶说你小时候总是为写不出作文而发愁？”

“为什么要调查我的历史？”

“你回答就是了，过一会儿我就告诉你为什么。”

“我文科课程学的都不好，语文政治不好，英语也不好，作文尤其糟糕，高考查过分，作文不及格。这算是读写困难吗？”

“就算吧。”

“但是我理科学得好。”

“知道了，我们没有问的你不要说。你一共有多少个好朋友？”

我扳着手指数了数，一只手就足够了。我说：“数量不多，但都是真正的好朋友。”

“你不善于和别人打交道，听不出别人的言外之意，就连跟老婆都缺乏默契，算你有沟通困难不冤枉你吧？”

“算我智障都不冤枉。”

“你好像也没有什么爱好，摄影算一个，不过也只给老婆孩子拍，也算不上正经的爱好。”

“我的爱好就是我的工作。”

“哦，对呀，就爱设计画图。那就是兴趣狭窄了。”

我实在忍不住，一翻身下了床，凑到电脑前，一看，相面的网页标题是：“阿斯伯格症的特征（爱因斯坦症候群）。”

“不要把这个往我身上靠。”我不满地抗议。

“我可没往你身上靠。”妈妈解释道，“今天的讲座上我才听说这个词，听了特征后，我觉得太熟悉了，这不就是在说我的老公吗？你放心，我不会歧视你，你兴趣狭窄，但要是你一辈子只对老婆一个女人感兴趣，我还高兴呢。”

“那你还是先忘了爱因斯坦吧。”我一边上床，一边说。

10
开口说话

时间不知不觉地流淌着，春天就要过去，橙子进入定海培智训练已经有两个月了。在这期间，我和橙子都逐渐地适应了在定海培智的训练生活。楼梯我们能一口气跑完，也能轻松跑完2000米，我的骶骨的痛也一直保持在可忍受的程度。甚至我还有了附加的成就：成功地减掉五公斤体重。上杨老师的个训课，橙子终于也不哭了。现在杨老师已经在教橙子指认颜色形状和对被叫名字的反应，虽然还没有大的进展，但是总算给我一个希望：橙子已经走在康复训练的路上了。下午的课上，橙子也初步掌握了串珠子、剪纸等精细动作，经过练习吹哨子、蜡烛、泡泡和乒乓球等一切能吹的东西，橙子的气息也足了许多。当然说一切能吹的东西有点过头，比如就没有训练吹牛，我倒是希望有一天橙子能够学会吹牛。但尽管气息足了许多，橙子还是没有开口说话。

快到五一了，我觉得自从知道橙子有病之后，一家人神经紧绷身心疲惫，应该找个机会放松一下，便对妈妈说："假期到了，我们去郊外放放风吧。"

妈妈也有同感，说道："好呀。我们同事刚刚去过凤凰岭，她说那里还挺不错的。"

我赶紧到网上查了，原来凤凰岭就在定海区内，346 路公共汽车就可以直达。就说：“好，这个离得近，方便。”

五一这天，是一个难得的有蓝天白云的好天气。我们一家人乘坐公共汽车到了凤凰岭。刚一下车，迎面山风吹来，送来了新鲜空气。我深深地呼吸，立刻就明白了上风上水的含义。虽然只距北京城区二十公里，但因为位于上风头，又处于密林的环抱中，这里的空气非常清新，充足的氧气分子代替了可吸入颗粒物、臭氧、二氧化硫，滋润着每个人的肺泡，一家人都陶醉在春风里。

橙子也很开心，高兴地在前面跑着。我和妈妈便跟着橙子一路快步走进了山门。山路旁有一个高大的公告牌，上面画着景区地图，标示着有三条路可选，妈妈拉住橙子，征求我的意见。

看到上山的路线比较陡峭，担心橙子乱跑，会不安全，就说：“我们走南线吧。”

南线基本都是平缓的大路。我们向前沿着路走，转过山坳，眼前豁然开朗，漫山遍野都是粉红色的灿烂山花。

“这么多盛开的桃花，我还从来没见过。”我感慨地说。

“哎，哎，别那么大声。”妈妈在一旁说道，“也不嫌丢人。”我正摸不着头脑，妈妈边走边指了指旁边的牌子，上面写着“杏花村——凤凰岭杏花节”。

我左右转头看了，近处无人，心中暗喜，总算没把脸丢给外人。一把抱起了橙子，一个字一个字指着“杏花村”念给橙子听。然后说：“杏花村在哪里？”橙子就远远地指着。

我接着背杜牧的《清明》给橙子听：“清明时节雨纷纷，路上行人欲断魂，借问酒家何处有，牧童遥指杏花村。”橙子听得入神，等我背完了，他竟扳着我的头，指着我的嘴。我想他还想听，就再背给他听，果然，他很开心，听完后就咯咯地笑着，跑到杏林里去了。

我和妈妈都快步跟上。杏林的黄土地上散落着粉色的花瓣，橙子跑着，脚踏着花瓣，扬起一路花尘。清风吹过，又有花瓣从树端散落，橙子仰着头，看着随风飞舞的花瓣笑着，追逐着。这时候我恍惚地觉着，给他插上一对翅膀，他就会真的成了天使。

我和妈妈也开心地跟随者橙子在树林里跑，互相追逐着。有的时候还和橙子玩藏在树后躲猫猫——这是他那时候会的唯一的互动游戏。就这样，我们穿行在杏花林里，一家人其乐融融。

美中不足的是，当我给橙子照相的时候，我还是没办法让他看镜头。好在他的情绪好，总是在笑，因此趁他眼睛扫过镜头的时候，还是抓拍到几张精彩的瞬间。

一家人在杏树林里一直玩儿到中午，橙子依然兴奋着，看不出丝毫疲态，我想，这定海培智的大运动练习，还真是提高了他的体能。

在杏林里吃了带来的午餐，我提议沿着南线一直走下去。因为南线是一个环形，最终还是会走回山门口。但事实却证明这是一个馊主意，南线在公园地图上看只是一个不大的圈，但是走起来还真够远的。橙子毕竟还是一个只有两岁七个月大的娃娃，还在杏林里跑了半天，这样再跟着我们一路走，就逐渐累了。

路上，一个四五岁的女孩走得累了，嚷嚷着要她爸爸抱，她爸爸指着橙子，教育她说："你看，这个弟弟那么小都自己走，你也学学弟弟，自己走吧。"听了这话，我觉得哭笑不得。事实上橙子即使累了也不知道要人抱，他不懂得向别人求助，只知道一直走下去。我倒是盼望着橙子会说出让我抱的要求呢，哪怕只是张开双臂做出让我抱的样子也好。

就这样，一直走了大半的路程，已经可以看到山门就在前方了。我快跑两步，离开他们娘儿俩几米远，再回身举起照相机，想照一张娘儿俩走山路的照片。谁知，橙子没搞懂我要做什么，看我跑了，想追又没了力气，大概是怕妈妈也跑了，心里起急，站到妈妈面前，手向前伸着，嘴里发出"呀呀”的声音。

妈妈俯下身，在橙子耳边嘀咕着什么。

我给娘儿俩照完相，起身又要走。

一个声音从橙子嘴里急切地喷出：“爸爸，等。”

妈妈兴奋地对我说：“一农，你听到了吗？儿子说话了！而且一开口就是三个字！”

“听到了！听到了！声音还这么大呢！”我兴奋地一边喊一边跑回去。妈妈已经抱起了橙子，亲了亲他的脸颊。我张开双臂，对橙子说：“喊爸爸，爸爸抱你。”

妈妈抱着橙子一边做出往我怀里送的动作一边教橙子说：“抱抱，快说让爸爸抱抱。”

橙子憋了一会儿，终于从嘴里蹦出“抱抱！”，虽然显得有些费劲，声音却是十分的洪亮。

我赶紧从妈妈怀里接过橙子抱着亲了又亲。橙子大概也没想到自己说的话把爸爸妈妈刺激成这个样，他一定充满了成就感，又说了一句：“爸爸，等，抱抱。”

妈妈对我说：“你看马上抱马上亲就对了，这就是ABA的强化！快，再强化几次！”

于是我放下橙子，又故意跑远，听他喊完“爸爸，等”再跑回来抱他，亲他，把他逗得咯咯笑，让他开心。如此往复，一直到自己都跑累了。

这一天，我和妈妈暂时忘记了两个多月来的悲伤，尽情享受难得的一丝幸福。很多重度自闭症患者都有发声困难的问题，他们的气息似乎受阻，只能艰难地发出低微的声音，甚至终生不能发声。但是橙子的声音却一直十分洪亮，在自闭症的训练班里经常让别的家长羡慕。他一岁多识字，就可以读出字音。然而他就是说不出和人交流的话来。我不知道在他说话的愿望和健康的发音器官之间到底有什么阻碍。无论如何，这阻碍就在这次凤凰岭之行被冲开了。时至今日，当我给你写这封信的时候，你的哥哥的嘴正吧啦吧啦地说个不停，显然，那阻碍早已荡然无存，他说话的愿望可以充分地满足了。他脑子里想的混混沌沌的东西都通过他的嘴巴一览无余地流淌出来——背诵电视广告、重复地问几个固定问题或要求、背歌词等诸如此类。他嗓门大，从早到晚说个没完，说的时候还会伴随着蹦蹦跳跳。妈妈不胜其扰，称其为魔音，简直要把人逼疯，真希望他少说几句。橙子的特教老师也不得不一次次地跟他说："No Silly Talk！"但无论怎样，会说话是自闭症患者的一个重要的标志性功能，对父母来讲，更是重大的心理安慰，特别是在开口说出第一句话的时候。

傍晚，一家人高高兴兴地回家了。刚到小区的门口，就不可避免地遇到了苗苗母女俩。我忽然意识到，好像自从儿子上定海培智学校后就很少见到苗苗一家人了。或许是因为天天到定海培智训练真的很忙，或许有时候我会有意无意地避开苗苗——看到苗苗这个能说会道的小娃娃再想到家里不会说话的小娃娃，我会倍感压力。

显然苗苗妈妈也意识到有段日子都没看到我们一家人了，于是她问道："怎么这段时间很少见你们家橙子呀。"

我正要开口，却被妈妈抢了先，她心里不想让苗苗妈知道橙子是自闭儿以及橙子在培智学校训练班的事儿，于是她对苗苗妈妈说："橙子送我们单位附近的幼儿园了。"像是怕苗苗妈不信，补充道："早晨上班的时候我就带着他送过去，晚上下班再接回来。"

"橙子今天会说话了。"我插嘴说道。

"是吗"苗苗妈高兴地说，"西城区的幼儿园就是好呀，难怪都不来我们幼儿园了。"

11

饿不死的瞎家雀

七月份，妈妈该放暑假了。放假前，校长批准了她一个学期的长假。定海培智也放了暑假，妈妈可以在家陪伴橙子了。我也到了回公司上班的时候。

这天早晨，一进公司的门便被同事拉着去实验车间。“今天叶炯的新设计做展示了，一同去看看。”

我一头雾水，跟着到了实验车间，看到一台崭新的喷码机。“有什么新鲜的？”我问身边的同事。

“这台机器用一个储气瓶作蓄能器，储存墨水泵的动力，推动墨水。墨线稳，字迹清晰，效果贼好。现在章总正打算申请国际发明专利呢。”

听到这话，我的脑子一阵发蒙。这不是我请假前设计的空气弹簧蓄能喷墨装置吗？我和橙子玩儿泡泡枪时来的灵感。我工作时和叶炯说过这个设计，他当时还劝我说别费劲了，这个路子肯定行不通。这个叶炯没上过大学，基础知识欠缺，我曾经无数次帮助过他，就连计算机辅助设计都是我教他的，我把他当作公司里最好的朋友，他怎么能偷我的设计？这和偷我的孩子差不多！我想立刻去找他，问个清楚，却发现他不在办公室，奇怪他的设计作展示他自己怎么不在呢？我想去找章总，也不在，秘书说章总去法院了，和公司的另外一个股东闹分家呢。

没想到原来亲如兄弟的两个老板闹上了法庭！我坐到自己的办公桌前，平静下来想，叶炯是章总创业开始就在一起的老人，都十年了，我却才来了一年，如果叶炯不承认是偷我的设计，起了争执，我也不一定占优势。但我明明和章总说过我的设计，难道他忘了？也许他认为我们两个同时分别发明了相同的东西？现在章总在和自己亲如兄弟的合作者打官司，我再给他来个新的官司，是不是太为难他了？

我抱着脑袋在办公桌前想了一个小时，最后决定收拾收拾东西回家了。回家前，请秘书转交章总一个纸条，说我的孩子训练离不开我，我要请无限期的长假。

回家一进门，妈妈和橙子正坐在小桌旁做训练——现在妈妈终于有时间亲自操练 ABA 来训练橙子了。看了我进门，橙子高兴地说："爸爸，等等我。"我知道他不是要我站着等他，而是要我和他在一起。

妈妈对我说："怎么这么早就回家？还拿这么多东西？"从她的眼神中我已经感觉到她的不安。这事儿我也没法掩饰，便原原本本地把今天发生的事儿跟她说了。出乎我的意料，妈妈只是叹了口气，便没有再说什么。

"我会很快找到工作的，"我对妈妈说道，"老天爷饿不死瞎家雀，相信我好了。"说完，进了卧室，打开了电脑，开始在招聘网站上寻找机会。

找了好一会儿，也没有合适的。主要是考虑到现在的状况，一定要找一份工资足够高的一个人挣钱就能养活全家的工作。这就难了。

这时候薛大姐见我们都不去工作，觉得她也没有必要继续留在我们家了，便来辞职。她在小区里口碑一向不错，我们便帮她在小区里找了一个需要保姆的家庭。

没有工作，妈妈和我每日都愁眉不展的。这种情况持续了两个星期。这天傍晚，电话铃响了，我接起电话，电话那头，一个低沉的男声说："你好，我叫王长明，请问曹工在吗？"

尽管是陌生人的电话，但听到“王长明”三个字，我就知道财神来了。我在到喷码机公司工作之前，曾经在一家名为聚鑫的公司工作过。聚鑫公司是国内两家最大的考试阅卷机供应商之一。最初的考试阅卷机又名光标阅读机，专门用来录入涂黑点的标准化考试试卷。后来高考阅卷升级，要将全部内容扫描进入网络，光标阅读机就不适合了。有的省的高考招生办公室开始从国外引进高速扫描仪或是可实时处理试卷的专用扫描阅读机。尽管进口产品价格昂贵，但是依然满足不了高考阅卷的要求，主要原因是高考阅卷的时间紧迫，中国的考生又实在太多。于是聚鑫公司针对高考阅卷的要求开发了性能指标世界第一的超高速扫描阅读机。我完成了该机型全部的机械设计。该机造型丑陋却功能强大，在高考阅卷的应用中表现完美，在获得市场份额的同时还获得国家和北京市多个技术奖项。聚鑫公司在高考阅卷这个专业领域风头一时无两。另外一家高考阅卷机供应商龙马公司的日子就不好过了，据说也准备开发超高速扫描机，但项目进展并不顺利。

王长明就是龙马公司的董事长，他费了一番周折，终于打探到那个当初设计聚鑫公司超高速扫描阅读机并已离开聚鑫公司的人，就是爸爸。他最后是从聚鑫公司的协作厂家找到了我的电话号码。

王长明说他想要我到他的公司工作。我想把自己的利益最大化，便提出还是签个开发合同吧，就是我根据要求为马龙公司设计，而马龙公司向我支付设计费。王长明想坚持他的想法，但是我表示没商量，他最后就只好听从了我的意见。他提出十万设计费，我说十六万吧，还是没商量。他支支吾吾地说：“龙马公司为了这个项目投入了很多钱，日子不宽裕。”我说：“等产品开发出来，赚的钱都是龙马的，到时候就没我的份儿了。”听闻此言，王长明又听从了我的意见。我坚决不让步一是因为确实缺钱，多多益善；二是因为我是国内唯一成功投入使用的超高速扫描阅读机的机械设计者，说话自然是有底气的。

第二天，王长明就过来找我。在我们家楼下的新疆餐厅，我们一边吃着大盘鸡，一边就把合同签了。合同大意是：甲方北京龙马信息科技有限公司委托乙方曹一农开发设计高速扫描阅读机，要求达到同行业先进水平。甲方付给乙方设计费共十六万元，分四阶段支付：签订合同支付四万元；交付图纸支付四万元；机械装配完成交付四万元；调试成功交付四万元。无论在开发设计的任何阶段，由于乙方的原因导致项目不能进行，乙方要向甲方退还所有已支付的费用。

我拿着合同回家，妈妈看完了说，“这要求也太高了，能行吗？”

我把四叠人民币砸在她手上，说：“看在它份上，不行也得行啊。”

妈妈抽出两张钞票塞入自己钱包后，把其余的钱放到写字台的抽屉里，说：“多及时呀，明天就要揭不开锅了。”

后来，这个项目我负责的机械设计部分进行得很顺利。唯一的难点是我在聚鑫公司设计的机器申请了九个专利，新的设计必须避开它们。好在这些专利文件都是我自己写的，我总有办法规避它们。王长明得知聚鑫的产品有九项专利后，攀比心膨胀，要我争取为他的机器申请十项。而且等到十项专利文件齐了，才付给我第二笔四万元。

但总的来说，王长明还是个守信用的人。项目总体并不顺利，问题主要出在电控部分，来自龙马公司的工程师并没有做好。但由于机械运转顺畅，王长明还是在拖延不久后，付清了我的设计费。在我们家移民到加拿大之前，我又给龙马公司设计了一个小型扫描阅读机和一个票据扫描仪，设计费分别都是八万。由于我和王长明已经相互信任，私人关系也不错，就没再签订合同。王长明在项目进行到适当的时候付设计费给我，还是一次四万。

这段时间，我也做了别的一些项目。比如为一个做铸件进出口的同学设计了一种气动冲击锤。他卖掉一个锤，给我提成一万。比如给我的母校工业大学帮忙。最初是一个老师为他的学生们接下了为一个工厂把产品图录入计算机的工作，期限两个月。没想到时间过去一个半月，只完成了百分之二十。找到我后，我在两周内完成了其余的工作，还顺便把不合理的设计优化了一下。这件事为我赢得了声誉。后来马老师的汽车项目组想开发汽车零件生产线，就来找我入伙，开发相关技术并制作标书。项目组一共三人，约定完成项目后平分利润。在和北京工业大学的马老师合作的时候，机电学院的院长，是我研究生的导师，了解我的专业能力，承诺如果可以签下整条生产线的合同，可以把我调入大学。大学也需要能独立完成项目设计并从市场中捞取科研经费的人。他建议我趁着人事关系在人才中心，把高级工程师职称评了，这样到大学就可以转为副教授。我觉得这是一个好机会，便参加了职称英语考试，准备评职称。

这样，离开喷码机公司后，我们家反而进入了一个收入状况改善的时期，过一段时间就会有钱进账。每次它们来了，我就把它们扔到写字台的抽屉里，然后在下一笔钱到来之前，它们又一张张地飘走几乎所剩无几。它们大多被我们花在了橙子身上。

12 生物疗法的疑惑

我在家工作挣设计费，比在喷码机公司工作挣得工资要多，而用的时间却少。这样我就有了多余的时间，于是每日在互联网上搜寻关于自闭症的各种信息。星星宝贝是在和王长明签了合同后的第三天就发现了。告诉妈妈后，她很感兴趣，因为星星宝贝的负责人王露，曾是心心语经验丰富的元老，和ABA的著名人物白琦等人有过交流。“我要带橙子去星星宝贝！”你妈妈开心地说：“这才是正统的ABA训练机构呢。”

巧的是，星星宝贝就在离家不远的城乡结合处，而且报名就能上，根本不用排队。妈妈立刻就带着橙子去了星星宝贝，并很快就正式开始了培训，这个暑假也不休息了，甚至几天之后就决定再开学也不回定海培智了。不但如此，还给小树林妈妈打了电话，推荐星星宝贝。一个星期后，小树林妈妈就风尘仆仆地带着儿子从黑龙江赶来了。

我在家工作，每天早起是一天精神最好的时候，我用这段时间来做设计是效率最高的。早晨睡到自然醒的时候就是工作开始的时候。有时起床晚了，妈妈都带着橙子去训练了；有时早一些，他们娘儿俩还没起床。一般到了中午，我的大脑就会感到疲惫了，这时我会吃点简单的午餐，休息一下。下午有时继续工作。等妈妈带着橙子从星星宝贝放学回来，一家人吃完晚饭，我和妈妈会带着橙子到附近的公园或广场玩儿上一段时间，顺便消磨掉这原本酷热难耐的夏日夜晚。我很享受这样自由自在的生活状态，仿佛生活重新进入了轨道，晚上睡觉都踏实多了。

星期五是个例外。星期五的下午星星宝贝开办了家长培训班，妈妈要求我一定要赶来听王老师的课。她有一套培训家长的教材，一共分成20课，每次半个小时，循环讲解。课程的主要部分是ABA（应用行为分析法）的具体操作。

星星宝贝位于回龙观北侧不远的五里沟村，如果不想坐小巴士或者黑出租车，走上半个小时也就到了。每到星期五中午吃完饭，我从冰箱里拿出一瓶冻成冰棍的矿泉水贴在脸上抵抗火热的太阳，戴着太阳帽走到五里沟。随着北京城市规模的膨胀，原本像五里沟这样以务农为主的郊区村庄，也逐渐成为充满城乡结合部特色的村镇。现在的五里沟村，已经没有任何迹象能看出这里的居民和务农之间的关系。原本松散的农舍之间，见缝插针地搭起来用来出租的砖瓦房，而出租房屋俨然已经成为五里沟村村民的主业了。

星星宝贝就租了一个扩建了东西厢房的农家院，扩建完的农家院倒像是四合院。正房是大教室和老师们的办公室，东厢房分割成三间小房间作个训室，较小的西厢房用来存放教学用具。第一次看到星星宝贝所在的农家小院，我就想起了心心语所在的农家大院，这两家机构看起来如此相似，只是规模不同而已。

“很多人都知道心心语，其实我是心心语的元老呢。”第一次见面，王老师就笑着对我们说。接着了解到这里的教学模式和心心语差不多，离家近，又不用排队等候，我和妈妈心里都有一种捡到便宜的感觉。由于橙子有了语言，王老师觉得情况还不错。

“一定要抓紧训练。”王老师说，“国外有实验证明，自闭症儿童经过高密度的训练，会在能力上有大幅度地提升。”

于是我和妈妈又决定在正常教学完成后，每天给橙子加两个小时的个训课。

我到达星星宝贝时，学校的中午休息时间刚刚结束。孩子们分成两拨分别在室内外作感统训练。有两个孩子在个训室作个训，家长们则在另外一个个训室听王老师讲课。

ABA 理论讲解过后，王老师还会结合孩子们的具体情况进行说明。比如有一次当讲解“强化”的时候，她是这样说的：“橙子最近进步较快，小孙老师现在应用强化的时候，不是简单地给他饼干吃，而是夸他真棒，或者和他击掌，橙子会很开心，这样就更有效果，才一个星期，认大小就过了。”

虽然儿子只是在十几个自闭症儿童中被当作正面典型，我心里依然会有一丝得意，甚至幻想着哪一天橙子的能力真的能赶上正常儿童。

王老师有时也会说起自闭症的成因：“是由父母双方基因决定的。”听起来和医院里的专家说的一致，让你不得不信。

王老师的课结束后，能够得闲的家长们凑在一起，话题也离不开自闭症。这些家长大多如小树林妈妈一样，从外地来，因为星星宝贝训练费便宜，所以长期在这里训练孩子。她们大多文化程度不高，容易受到社会上各种信息影响，因此会尝试各种不靠谱的手段，希望找到捷径，让自己的孩子康复。求神拜佛的自不必说，看老中医的就好几个，还有几个家长给孩子改了名字，以求转运。这段时间又流行起禁食了，就是不吃含小麦和牛奶的食物。

“你有没有感觉小树林好像懂事了？”自从小树林开始禁食，小树林妈妈总是这样问我和你妈妈。

“对呀，他进步不小呢。”你妈妈总是笑着回答。可是私下里，你妈妈还是觉得橙子进步更大。“我看这禁食也不见得有效果。”你妈妈悄悄地对我说：“要不然医院里的专家怎么都不赞成呢？”

明确反对禁食又直言不讳地说出来的是正正爸爸。正正爸爸这样做的底气来自于他的学问，他是生化博士，是中科院的研究员。正正被确诊为自闭症后，正正爸爸是准备带儿子到七色羊训练的，只是因为七色羊还要排队等一段时间，正正爸爸便带着正正先来了星星宝贝。正正爸爸无论做什么事儿都要有充分的依据的，对于训练机构的选择，他的理由是七色羊和甄专家的关系，是最为正规的。等待期来星星宝贝，是因为王老师是心心语的元老，有丰富的教学经验，ABA 训练做得科学正统。

正正爸爸自己也坚信 ABA 训练才是自闭症儿童康复的正道。正正确诊还不到一年的时间，正正爸爸就学习并精通了 ABA 理论和操作。他不但参与正正的训练计划，有时还指出小老师训练过程中的不当之处。正正爸爸是自闭症家长中的楷模。王老师在她的家长培训课中也时常提起，希望大家向正正爸爸学习。

正正比橙子大三个月，属于典型自闭症。他有一点点语言，可以艰难地发出一两个字。他的脾气非常大，有的时候会咬人，星星宝贝的几个小老师都被他咬过。但这丝毫不影响正正爸爸在星星宝贝家长的小圈子里的明星地位。正正平时是由一个小阿姨带着训练的，正正爸爸每天放学前开车来接。有的时候正正爸爸来得早了，家长们便围着正正爸爸向他讨教。

“希望大家把精力放在训练上。”正正爸爸总是这样劝大家。“你们觉得禁食后有改善吗？那根本就是错觉。举个例子，我要是说正正已经禁食一个月了，你们也一定会觉得他进步了。即使真的进步，那也是训练的结果，你们不都是一直在训练孩子吗？”

虽然嘴上不好直说，但其实没人真的觉得正正进步了，相反这段时间他状态糟糕。为此作为科学家的正正爸爸也颇为烦恼，归结原因觉得回家后自己给儿子做的训练强度不够，便也给正正安排了放学后额外的两个小时个训。星星宝贝的个训课，无论是哪个孩子的课，家长都是可以旁听学习的。

12. 生物疗法的疑惑

正正爸爸的工作时间比较灵活，因此有较多时间到星星宝贝旁听正正的个训课。正正上集体课时，正正爸爸也旁听别的孩子的 ABA 个训课，包括橙子的个训课。一次他对我说：“你家儿子状态蛮好的，还是多训练的好，ABA 的方法一定要正确。不禁食也不影响进步。你知道提出那些理论的单位都不是什么权威科研机构，也是不被主流医学认可的。”

“哪些什么理论？”我不解地问道。

“生物疗法呀，现在正在自闭症论坛上吵翻天。”正正爸爸愤愤地说：“无面无奶的饮食还只是第一步，他们还宣传自闭症是汞中毒造成的，要孩子做螯合排汞排重金属。其实都是无稽之谈，我在网上以生化专家的身份对他们进行批驳，可就是有家长没有一点科学精神，什么都信，都愿意尝试，对这些主流医学不认可的疗法，也敢让自己的孩子当小白鼠，去尝试，那个螯合疗法，副作用大得很呢。”

“螯合疗法”我还是头一次听说，因为有正正爸爸“副作用大得很”的评价，我眼前仿佛浮现出一个画面，螯合后虚弱的橙子躺在床上，身上正渗出一个个水银珠。

和正正爸爸接触时间长了，妈妈总是对我说：“你要向正正爸爸学习，看看人家对孩子多用心。”

我说：“星星宝贝来了正正爸爸，你们这些妈妈都拿他当标准作偶像，别的爸爸都遭了殃。”

但是正正爸爸的努力却没有得到回报，正正的状态丝毫不见起色。九月份，正正终于可以到七色羊训练了，正正爸爸仿佛看到了新的希望，临走时对我说：“七色羊是最正规的训练机构，你们橙子也应该去那里。”

机构里有旧人走，就会有新人来。又是一个星期五，中午时我一进星星宝贝的院门，就看到小孙老师正逗着一个白净的三岁多的小男生玩儿。

“你从哪来呀？”

“我从加拿大来。”

“喜欢中国还是加拿大？”

“加拿大好，我喜欢加拿大。”

“为什么呀。”

“有好多 Playground，可以玩儿。”

“好多什么呀，老师听不懂，中文是什么？”

“I don’t know, I want to go washroom.”

说着，小男孩就跑到厕所去了。这分明是个正常的小男孩，谁把这么聪明的孩子放到自闭症训练机构，这不是让我们这些特殊儿童家长羡慕嫉妒恨吗？我心里想着，就进了王老师的培训课教室。

王老师的课刚结束，就听到院子里有孩子号啕大哭。出门一看，却见刚才那个小男孩正躺在地上打滚，小孙老师在一旁试图拉他起来，未果，还险些被那孩子拽倒。一旁站着一个妇女，相信就是孩子的妈妈，右手拿着一杯水，左手捏着几粒胶囊，一脸无奈地说：“每到吃药，他总是这样。”

“孩子吃的是什么药？”我在一旁问道。

“是自闭症的营养补充剂。”孩子妈回答道。

“孩子好好的为什么要吃这种药呢？”我不解地问道。

那孩子妈用同样不解迷惑的眼神看着我，说道：“他是低功能的（自闭儿），我才给他吃的。”

“不可能，他肯定是个正常孩子，你们……”我的话还没说完，就望见一个一模一样的小男孩，从半开的库房门探出头来，手里举着玩具手枪瞄准了我，嘴里喊了两声：“啪、啪”，做了个鬼脸，又缩回了头。

我一脸的尴尬，对着孩子笑了笑，说：“原来是双胞胎呀。”心里却真的像是被小孩的手枪击中，半晌没缓过神。资料上说过同卵双胞胎的自闭症同病率超过 90%，并以此作为自闭症是由基因决定的并具有遗传性的依据，然而当真正看到不足 10% 的不同病的同卵双胞胎，我却立刻想到，即使这世界上只有一对同卵双胞胎不同病，也说明自闭症并不是百分之百地来自于基因来自于遗传。我对这两个孩子到底有什么不同很感兴趣，便对孩子妈说：

“你的孩子很可爱。”

孩子妈和小孙老师刚刚把药灌到哭闹的孩子嘴里，看着我说：“这个闹起来一点都不可爱，那个还行，就是太淘气。”

我问了名字，“这个”叫文柏，“那个”叫文松。

我接着又问道：“他们长得一模一样，是什么造成他们的不同呢？”

“文松是老大，他生下来就比弟弟重一斤。文柏出生时才四斤，后来也总是体弱多病。”说着，孩子妈叹了口气：“也都怪我不好，总想着小哥儿俩什么都一起做。有一次注射疫苗，文柏肺炎还没好，抗生素还没停，就和文松一起去打针了。我想着就是从那时候起，文柏的状态就越来越差。”

“会和疫苗有关？”

“在加拿大，正统的自闭症医生并不这样认为。但是美国一些医生认为是疫苗里的含汞的防腐剂造成小孩汞中毒，要用螯合疗法来排出。”

“疫苗里竟会有水银！”我瞪大了眼睛说。

“不单单是水银，疫苗里的灭活病毒对孩子的免疫系统也会影响，真菌细菌还会破坏肠道，造成微孔，孩子吃进去的面和牛奶里未消化完全的蛋白质会从微孔进入身体，毒害神经。所以许多自闭症小孩要禁食含小麦和牛奶的食物。”

“这么复杂。”我感叹着，又问道，“这么说自闭症的原因已经找到了？”

“我正要和你声明，我说的这些是持这种观点的医生的说法，他们在北美也是非主流的。在加拿大，正统的自闭症医生现在也只承认禁食小麦牛奶是有效果的。是否相信这些都要看家长自己的认识。”

我们说话的时候，妈妈已经把橙子从教室领到院子里。看到文柏哭闹，便过来帮着哄，咯吱文柏后又用手指在文柏的胳膊上玩儿蚂蚁上树。在职业高中对付顽劣学生的经验，使得妈妈在对付自闭症小孩的时候，比起大多数家长，有更强的能力。

文柏不哭了。文松和橙子玩儿起了互相追逐的游戏，难得有正常孩子能和橙子玩有互动的游戏，他们玩儿的时候一直伴随着橙子咯咯的笑声。我思考着文松妈妈的话。妈妈和别的孩子家长一向都是自来熟，她和文松妈妈很快就聊得热火朝天了。

文松妈妈叫夏娟。她和她老公文远峰移民加拿大已经七八年了。本来两人都是做 IT 的，有好工作。夏娟生了双胞胎宝宝后，就辞了职，谁知这两年 IT 开始走下坡路，文远峰又失了业。趁着拿失业救济金不用工作，一家人回国看望老人，打算休息两个月再回加拿大。怕这两个月把文柏的 ABA 训练耽误了，便就近找到星星宝贝，临时作个插班生。

回家后，我在互联网上查阅了自闭症生物疗法的资料，果然和夏娟的说法一致。我把这事儿想来想去，觉得从逻辑上讲，这是一个说得通的理论。你爷爷能在报社当主编，我却是个不善言谈又内向的人，只能闷头作技术工作，再考虑橙子的状况，我一直认为是我们的基因一代不如一代了。但如果这个生物疗法的理论成立，那么从你爷爷到我再到橙子，我们并非基因变得越来越糟糕导致自闭的倾向越来越严重，而是我们的基因带有某种脆弱性，在过去也许本来并不算什么大不了的事儿，但是我们所处的环境却越来越糟糕，最终导致我们三代表现出不同的状况。这有点像癌症村的状况，那些原本基因里具有癌症易感性的人，在好的环境下也许一辈子都不会得癌症，然而环境被污染后却患了癌症。现在那些健康的孩子，就像基因里对环境污染耐受力高的人，即使住在癌症村，也不会得癌症。

对于幼儿来说，哪种环境因素最值得怀疑呢？我觉得或许疫苗是其中之一。因为你爷爷小时候没打过任何疫苗，只是成年后补过。我小时候打过一些，但我出生在七十年代初，那时疫苗种类还很少。到了橙子出生的二十一世纪，六岁前至少要接种十一种疫苗，很多疫苗还要接种多次。接种疫苗数量和我们三代人的表现是相符合的。我想或许是在疫苗中含有的汞和半死不活的病毒，损害了婴儿的免疫和神经系统。

生物疗法理论中导致自闭症的另一个嫌犯是抗生素，它杀死肠道的有益菌，使得有害菌群大量繁殖，造成肠道的微孔。牛奶和麦类的蛋白质在没有完全被消化成氨基酸的时候，以一种成为肽链的形式存在。本来肽链还要继续被分解，但是在这种情况下，却进入了肠壁的微孔进而进入血液循环系统。不幸的是，这些肽链恰好起到了神经毒素的作用。

看过查到的资料后，我已经在心里接受了自闭症生物疗法的理论。想起了正正爸爸是生化博士又是中科院的研究员，但他曾强烈反对生物疗法，我便给他打了电话问他的看法有没有改变。正正爸爸一如既往地坚持着自己的看法，并对我现在相信了生物疗法的观点表示失望。

“孩子的时间宝贵，不要瞎折腾，干点靠谱的事儿吧。”正正爸爸最后语重心长地说：“抓紧时间训练训练再训练，否则孩子长大了要后悔的。”

正正爸爸的话也代表了网上相当多的人的意见，他们的观点概括起来就是“生物疗法非主流，疗效没有得到科学验证，孩子不能被当作用来试验的小白鼠。只有训练一条路，千万不要寻求捷径。”这种意见使我和你妈妈内心充满疑惑，因而没有下决心立即对橙子采用生物疗法。另外的原因，橙子现在状态还不错，采用可能会有风险的生物疗法就没有那么紧迫了。我们曾想或许可以先尝试禁食牛奶和小麦，但离开了含有这两种成分的食物，橙子可以吃的东西就少得可怜，禁食只进行了两天，当他哭着说：“包包”或是“奶”的时候，我们的心就立刻软了，于是就重新开禁，吃回原来的食物。

13

大退化

八月的一天傍晚，妈妈接了个电话后对我说：“我们学校杨老师说她的一个亲戚的孩子也是孤独症，现在都十一岁了，也住在定海区。我们跟人家联系一下，我想了解十一岁的孤独症孩子过的是怎样的生活。”我点头答应了。

妈妈和杨老师要了联系方式。她的亲戚叫杨江海，住在西三旗香榭丽家园小区，距离我家只要四五站地的车程。我们约了周末去杨江海的家里见面。

星期六的早晨，我和妈妈吃过早饭，带上橙子，出门乘车来到香榭丽家园。这个小区的红色楼房都被镶了白边，因此自诩法式建筑，并配上个不伦不类的名字，号称高档楼盘。

杨江海家住在他所在的那栋楼最靠边的单元的顶层。这个小区的楼房都是六层高，这是不用装电梯的高度。一家三口爬到六层，都有些气喘了。

敲了门，一个肤色黝黑的汉子开了门，热情地说：“是钱老师吧，快请进！”

进门落座，寒暄过后，杨江海的妻子抱着个两岁左右的女孩从卧室出来。

“是你们家老二吧？”妈妈问道。

“是。”杨妻笑着说，接着对女孩说，“美美，和叔叔阿姨打招呼。”

女孩有些认生，害羞地把头埋下。在她妈妈的再三催促下，才喊了叔叔阿姨。美美妈妈把美美放到地上，小女孩一溜烟地跑回了卧室。

我照看着橙子。橙子玩着美美的玩具，我提防着他不要损坏人家的物品。杨江海这时给我们的茶杯倒上了热茶，妈妈正对他说不要这么麻烦，却被另一间卧室传来的撞击声打断了。紧接着，是一个女孩的嚎叫声。

“又开始了。”杨江海无奈地说，把脸扭向一旁掩饰着他的黯然神伤。

卧室内的撞击声嚎叫声不停地响着。杨江海和他的妻子却呆立着，仿佛被使用了定身法，没有了动静。小美美从另一间卧室探了头，旋即又缩了回去。

“给孩子打开门吧。”这时妈妈开了口。

杨江海转身开了门。屋里一个穿着短袖衫的女孩正面对墙壁站着，烦躁地拍打着白色的墙。墙上甚至可以看到红色的道道血迹。听见开门声，女孩转过头，呆呆地望着门外，几秒钟后，女孩忽然高叫着冲出门来。杨江海一把抱住女孩，女孩试图挣脱，未果，便一口咬在了她爸爸的胳膊上。

这时女孩的妈妈走过来，轻抚着女孩的背，让她安静下来。杨江海忍着痛，把胳膊从女孩嘴里抽了来，拉着女孩的胳膊，坐在了床上。这时可以看到女孩的两条胳膊上布满了瘀青。

“我们家丹丹以前不是这个样子的”杨妻眼里噙着泪水，低声地说：“三岁前还好好的，特别聪明的孩子。谁知突然就不说话了，而且越来越差。现在走在大街上，还会突然脱掉裤子小便。我们根本不敢把她带到外面。”

“怎么会这样呢？”我和妈妈齐声问道。

“没人知道原因，专家说是退化。”杨妻黯然地说。

“她现在每天发作得越来越厉害，”杨江海接着说，“她把自己掐得浑身是伤。她的叫喊声让四邻都在抱怨。我们现在最大的愿望就是当把她关在屋子里的时候，她的喊叫不会影响邻居就好。”

“像这样的孩子，政府会不会有什么帮助呢？”我问的时候，脑子里闪现了残联的名字。

“我问过，政府说她不聋不哑不瞎不瘸，不算残疾人。”杨江海答道。

我在互联网上查到的信息是自闭症患者是多重的精神残疾，却没想到在中国，从法理上来说，自闭症患者居然还属于健康人范畴。

杨江海接着说：“自从孩子得了病，我辞了原来机关的工作，到中关村作电子元器件生意，这些年赚了些钱，就买了这个顶层靠边的房子，孩子闹的时候对别人的影响小一点。生了老二后，交了十万元的社会抚养费，把户口给上了。所以，我现在就这么活下去吧，只要老二健康，我就知足了。”

到杨江海家的访问又将我和妈妈的心情抛到了谷底。丹丹在橙子的年龄比橙子还要好，长大了病情却如此严重。我们的橙子会像丹丹一样退化吗？我和妈妈在回家的路上心里都在想同一个问题，但是恐惧，甚至使我们连讨论的勇气都没有了。

让我们万万没想到的是，橙子的退化，竟来得如此的快。

秋天的时候，风凉了，吹得树叶从油绿摇摇晃晃直到枯黄，就随风飘落了。

这一天我调试完机器，从龙马公司回家。路上，望着随风飘落的树叶，感受着秋天的凉意。不想随着这凉意透过全身，我的骶骨却迸出一阵剧痛，这剧痛超过了以往，仿佛有人正拿了锤子将钢钉一锤一锤地钉入我的股头缝，令我无法忍受，我不得不停下脚步，靠着路边的大树休息。

缓了一阵，疼痛减轻些，我就向前走几步，但很快疼痛又如潮涌袭来，我不得不停下来再休息。就这样走走停停，过了很久才挪到了家，一头倒在床上，再也不想起来。

在床上躺了好一会儿，我才意识到妈妈和橙子通常回家的时间早就过了，却还没见他们的人影。正要给妈妈打电话，门被“嘭！”的一声推开，走进来哭着的妈妈和面无表情的橙子。

我吃力地从床上坐起来，还没开口问怎么回事儿，妈妈就哭着对我说：“你儿子差点被汽车撞死！”

我赶紧上下打量橙子，他斜着眼，完好无损地站在那儿。妈妈去卫生间洗了把脸，情绪稳定了，才说明了原委。原来在回家的路上，橙子看到马路上的汽车就要去追，妈妈就拉着他不让追。但橙子最终还是找到机会挣脱了束缚跑上马路。一辆汽车一个急刹车就停在橙子的面前，但橙子一点害怕感觉都没有，竟又继续跑到马路的对面去追另一辆汽车，搞得又有两辆汽车紧急刹车。等妈妈追过马路捉住橙子的时候，马路上汽车喇叭声和叫骂声响成了一片。妈妈向司机们做了解释，但其中一个司机不依不饶，还说了“看管好你的傻儿子，有毛病就老老实实地在家待着吧！”这样的话，最终导致妈妈精神崩溃，泪流满面。

“儿子什么时候开始追汽车的？”我问妈妈。

“有一个多星期了，我每天都紧紧地攥着他的手，就怕他出危险，就今天被他逃脱了一次。”

“好像最近状态不太好。”

“是呀，希望过几天能好起来。”

橙子的状态总是起起伏伏，我和妈妈的情绪也随着起起伏伏。每当他的状态糟糕，我和妈妈就会盼着低谷早早过去。但是这一次，橙子的状态却像这从初秋到深秋的气温，一路下滑，等大树上的树叶被秋风吹得所剩无几的时候，等待橙子状态好转的希望也就没有了。

此时的橙子，行为问题越来越多。原来他偶尔会斜眼看东西，现在他的眼睛一直都是斜着看，只有偶尔是正的。他的脾气变得非常大，总是咬人和掐人，训练机构里的老师都被他咬过。不顺心的时候，他会尖叫，以头撞地。他的语言再次消失，不再说话了。原来一个星期可以完成的训练项目，现在过了一个月也毫无进展。每次上街，他依然会追着马路上的汽车跑，吓得我和妈妈带他上街，都紧紧地抓着他的手。

看着橙子比以往更加空洞的眼神，我知道，一次大退化来临了。令人绝望的是，这一次的退化发生在正在橙子接受高强度 ABA 训练期间，而高强度 ABA 训练曾是我们最抱以厚望的自闭症干预手段。眼看橙子不但追赶正常小孩的前途无望，而且将滑向更加自闭的深渊，我和妈妈陷入了彻底绝望之中。橙子的未来是什么？在杨江海家看到的丹丹的样子时不时地浮现在我的眼前。

“看来我们要尝试生物疗法了。”我对妈妈说。

“可是我们这里没有生物疗法的医生呀，难道也要去香港？”

“也许我们可以自己做治疗。”

这段时间我由于骶骨剧痛，就很少出门，只有龙马公司遇到电话里解释不清楚的技术问题，我才会吃上一片止痛片，坐上出租车前往。其余的时间我就待在家里在网上查询有关自闭症生物疗法的各种信息。查询结果大致是这样的：美国有一个叫打败自闭症的生物疗法组织，他们有一些对医生的专门培训，但很可惜，中国除了香港，没有他们培训过的医生。我找到了一个叫作荒漠甘泉的自闭症交流网站，其中有一个药物治疗板块，有人把在香港或是海外看生物疗法医生的经历贴了出来。这些治疗看起来比较复杂，在做过许多的专门的检查之后才会进行螯合治疗。这样如果从北京带孩子去香港，要几个来回才能到螯合阶段。检查治疗与药物就已经价格不菲，要是再加上来回的路费，食宿费，就大大超过了我们的经济承受能力。

但我也发现了捷径，可以自行治疗。理由是无论作过何种检查，无论结果如何，最终最有效的治疗都是使用螯合剂做螯合治疗。比如测头发里的汞含量，如果测得汞含量高了，那当然是汞中毒，需要螯合。如果头发里汞含量低了，则有可能是没有中毒或者自身排毒能力差，无法通过头发排出汞，汞中毒可能更严重。因为孩子已经是自闭症患者了，当然就怀疑是后者。这时只好再做激发试验，就是给孩子服用螯合剂之后检测尿液里的汞含量。遗憾的是同样有两种状况，如果尿液里汞含量高了，说明孩子是汞中毒了，需要螯合治疗；如果尿液里没有汞，则说明没有中毒或中毒太深，使用一次螯合剂都检测不出来。同样因为孩子已经是自闭症患者了，当然就怀疑是中毒太深，需要螯合治疗。橙子正在不断地退化中，我不能再等了，我想他在最短时间就开始给橙子做螯合治疗。

螯合剂一般使用的是口服胶囊，在北美是非处方药，可以在网上购买。但是口服螯合剂会产生严重的肠道问题，肠道问题本身又会加重自闭症的症状，而从我了解的资料来看，经历严重倒退的自闭症儿童往往有严重的肠道问题，这正是让我担心的事儿。而从美国一家网站上看到一家叫作生命元素的公司生产的涂抹皮肤的螯合剂，可以通过皮肤进入血液，避免了产生肠道问题，是最好的螯合剂。但是网站上同时声明该药是处方药，需要有北美的医生处方，才能购买。

我和妈妈已经商量好，立即对橙子执行最严格的禁食，不让他吃到任何含有牛奶和小麦的食品，无论遇到什么阻力，都要坚持。我办了一张中国银行的国际信用卡，通过网络从美国订购了一批用于自闭症儿童的营养补充剂、矿物质、调理肠道的药物等生物疗法网站推荐的针对自闭症生物疗法的产品。

差不多一周多时间，订购的产品就到齐了，我开始给橙子调理肠胃。但是螯合剂还没有着落。爸爸有几个高中同学在美国获得了医学博士学位，应该是医生了吧？我应该可以找他们帮忙。通过国内的同学打听到其中一个叫柳岩的同学的电子邮箱，就立刻发了求助邮件。

14

螯合

三天后，我就收到了柳岩的回信。信中柳岩说她不是医生，她拿了医学院的博士学位后，就在医学院作医学研究工作，研究的对象是艾滋病病毒。

她说她这两天一直在和生命源公司联络，已经有了眉目。生命源公司可以接受中国医生的处方，条件是中国医生的行医资格必须做英文的公证，并传真给生命源公司。

信的最后，柳岩把她在美国的电话给了我，还要了我的电话。她说有什么问题就尽快和她联系，特别是需要说英语的事情，她可以帮我，例如和美国的药厂打交道。

看了柳岩的来信，心里有了底。你大姨就是顺义区医院的医生，可以请她给我们提供行医执照和开处方。我立刻找到定海公证处询问了办理公证的流程，然后去找你大姨要了行医执照和处方。

办完公证后，我把处方和行医执照的英文公证一并传真到美国生命源公司，又在网站上填写好购买数量，用国际信用卡付了账。

才一个星期，就收到快件的取货单。到了国际邮局，支付了关税，拿到了板砖大小的纸盒子。回家打开，从“板砖”里取出六个小瓶，每小瓶内装 25 毫克液体。这六个小瓶一共花去 5000 元，加上从美国专门销售自闭症生物疗法营养补充剂的公司购买的二十多种产品的花费，从龙马公司拿到的前两阶段设计费已经花得差不多了。

拿到了螯合剂，心里又开始了斗争。今天就开始给橙子螯合吗？看着一天天退化着的橙子，我恨不得立刻就把这昂贵的液体涂抹在他的身上。但正正爸爸的声音又在耳畔响起，我仿佛看到他就在眼前，义正词严地对我说：“不要拿你的亲儿子作小白鼠！”

橙子的严格的禁食牛奶和小麦已经有半个月了，这次我和妈妈统一了思想，一定要把禁食坚持到底。一次看到橙子趴在地上捡面包渣吃，妈妈忍不住哭了，但我们给橙子禁食的决心还是没有动摇。从此我们全家都加入了禁食的行列，不再吃含有牛奶和小麦的食物。

同时橙子已经吃那些美国来的专用营养补充剂。这些补充剂品种繁多五花八门，有提高语言的维他命 B6 +镁；有调节肠道菌群的益生菌；有提高免疫的初乳素；有养护肝脏的奶蓟；还有有利心脏的辅酶 Q10 等二十余种。每当我查询到一种补充剂的资料，只要看到和自闭症有关，就毫不犹豫地在网上下单购买。天知道橙子是否就是由于缺乏这种补充剂才造成的退化呢？

把这些补充剂喂到橙子的肚子里也花了一番心思。橙子拒绝吞咽胶囊。星星宝贝的老师们曾夸下海口，说在这里训练了几个孩子学会吃药，定能解决橙子吃药的问题。但几个回合下来，败下阵来的竟是老师们。我们只好把胶囊打开，把药粉掺在果汁里喂给橙子喝。

果汁里含有的糖是肠道坏菌的食物，喝太多反而会坏事。唯一的例外是梨子的汁。我们买来梨子榨汁给橙子喝。但长久下去觉得太麻烦。后来在超市发现一种写着百分之百的纯梨汁，便买来给橙子用。再后来，干脆到生产果汁的厂家批发这种果汁，才确保了橙子在日后相当长的时间里服用补充剂的需要。

两周的禁食和调理并没有看出效果，橙子依然状态糟糕。“橙子一定是要做小白鼠了。”我心想。这时我做了个重要决定，在橙子做小白鼠之前，我先来做个大白鼠，自己做一下螯合，亲身感受一下螯合的副作用。这个想法其实在知道螯合疗法时就有了。这时，你妈妈和我都想立刻作这个大白鼠，但是此时我们还了解到，牙齿如果被银汞材料填补过，就必须把银汞材料清除掉才能螯合，否则汞离子可能被带到身体其他部分，很危险。我们马上联系牙医，在最短的时间里把我们牙齿里填充的汞合金清除掉，换上了树脂材料。我更换了两个牙洞，你妈妈更换了四个。最后通过猜拳，我得到了作大白鼠的机会。

我按照我的体重给自己计算了剂量。我采用的是安全性好的小剂量多次的方案，每次涂抹 40 滴，每 4 个小时涂一次，一连涂 3 天，再补充 4 天矿物质的治疗方案。这样就叫做完成了一个轮次。我计划自己尝试一个轮次就好，否则太浪费这昂贵的药液了。在补充了两天多种矿物质后，我就开始了自己的螯合。

为了吸收效果好，我把螯合剂滴在娇薄的皮肤上，例如脖子，胳膊肘内侧，腿窝等处。然后用一个瓷勺子涂抹均匀。这时，除了在皮肤上涂抹了液体后会有的凉飕飕的感觉外，还有轻微的刺痛感，好像液体里有无数微小的针在刺皮肤。我想也许是螯合剂正在钻入我的身体。涂抹完螯合剂后我浑身散发出一股刺鼻的辛辣味，十分难闻，不过我也顾不了那么多了。

因为每隔 4 小时就要涂抹一次，我总觉得上次涂抹的药液在身上还没干透，就又到了涂药的时间了，为了吸收效果更好，我甚至舍不得去洗澡。这样螯合期间身上就一直散发着这种独特的辛辣味。

然而就在我做完第一个轮次的时候，工业大学的马老师打来电话，要我和他一起到安徽的一个汽车厂，参加一个生产线的招标会。因为我的骶骨痛，就不愿出门，但是这一次招标会对我们非常重要，我不得不去。

然而我竟始终没有感觉到骶骨痛。在火车上爬到上铺没有痛，住在阴冷的没有暖气的安徽旅店里没有痛，回到北京，走在飘洒着雪花的路上也没有痛。走起路来我感到久违的轻快，甚至跑了起来，嘴里哼着崔健的《让我在雪地里撒点野》。

推门进屋，妈妈正对付着躺在地板上撒野的橙子，愁眉苦脸。见怪不怪了，我没理会橙子，拉着你妈妈，先把我骶骨不痛的事和她说了。

“这太好了，”妈妈开心地笑着说，“到底是什么原因呢？”

“我也不知道。这几天除了用过螯合剂，也没用过别的药，也没吃过什么特殊的东西。”

“难道是因为螯合，可是那不是用来治疗自闭症的吗？”

“螯合剂是用来清除身体里的重金属元素的。难道我的骶骨痛是由于体内有重金属造成的？”我这样揣测着。好在已经进入了互联网时代，我用 Google 搜索相关信息。在变换了几种不同的关键字组合后，才在一个繁体中文的网站上查到了一篇文章，提及了人体吸收了自然界原本接触不到的铅元素后，会把它误认为钙，并吸收到骨骼的表面。另外的几个网站上，则只言片语地提到了自闭症儿童螯合后缓解了关节炎症状的案例。

“我是一只成功的大白鼠，”我郑重其事地对妈妈说，“老天也被我以身试药的精神感动，治好了我的骶骨痛。”

“先别高兴得太早，”你妈妈貌似理智地说，“还是多过些日子，看看是不是彻底好了。”

“好，我要再补充几天矿物质，然后再进行一轮螯合，巩固一下疗效。”

这样我又做了一轮螯合，之后我确定我的骶骨彻底不痛了，就连我长期伏案造成的颈椎肩膀酸痛也减轻了许多。

我自己的两轮螯合过后，就到 2006 年新年了。给橙子做螯合，就从新年的第一天开始。这样做也便于我们记录。

根据橙子的体重计算好用量，和我一样采用每天涂抹 6 次的方案。连续螯合 3 天后，休息 4 天补充矿物质和维生素，这样刚好一个星期完成一个轮次。2006年过了多少周，橙子就螯合了多少轮。

第一个星期日的晚十点，橙子刚刚洗完澡，我们的螯合治疗就开始了。橙子一开始对这种液体滴在皮肤上的感觉感到很不适应，以至于我不得不束缚住他，你妈妈才得以用瓷勺子将药液在橙子的皮肤上涂抹均匀。

我设定好了闹钟，每隔四个小时就响一次。虽然第二次涂抹在凌晨两点，但由于橙子本来就经常在夜里不睡觉，我们也不得不奉陪，因而这个治疗方案对我们本来就够糟糕的睡眠也并没有太大的影响。

涂抹第二次的时候，橙子还没睡熟。在药液的刺激下，他哼唧了几声，却没有彻底醒来。

“他并不排斥这种感觉。”我对你妈妈说。

“是呀，他要是排斥，早就跳起来跑掉了。”妈妈回应道。

早晨六点钟，第三次涂药。在瓷勺子的触碰下，橙子睁开了眼。

“涂凉凉的油油，橙子不怕啊。”妈妈哄着儿子。我正在一旁时刻准备捉住随时可能跳起来逃跑的橙子，但橙子并没有跳起来逃走，而是伸了伸懒腰，很享受地长长地出了一口气。

我和妈妈也几乎同时长出了一口气。看来这个螯合治疗可以进行下去了。

涂完第三次，我和妈妈都开始犯困，就倒在床上补觉了。橙子这时却起了床，开始在屋子里折腾。一个小时后，我先醒来，睡眼惺忪中看到橙子正蹲在客厅的地上玩儿积木。积木长长的一列，我知道又是他的老把戏只会排直线。但等我走近一看，却发现并不是一个一个的积木排成一线，而是每三个积木搭成一个造型，这些造型再排成一条直线。

“老婆！快出来看呀！”我大声地对着卧室里还在酣睡的妈妈喊着。

妈妈急急忙忙出来，还以为橙子惹了什么祸。

“三块积木！”看到橙子的作品后，你妈妈激动地抱着儿子说：“妈妈教了你这么久，你就是不会把积木往高了搭。今天你怎么就开窍了？”

橙子不理会你妈妈的问题，而是自顾自地继续排他的积木长龙。完成后，边跳边开心地说："小狗，小鸭子，长颈鹿……"

这时我才仔细看了橙子搭的积木造型。基本上都是一块大积木横着放在最下面当作底座，一根长积木竖着像脖子，一个小积木放在顶端像个脑袋。那第三组造型，中间竖得最高，不正是"长颈鹿"吗。

"想到过螯合会有效果，但没想到会这么快就起作用！"你妈妈激动地对我说。

"我们坚持螯合两年，我们的橙子很可能就彻底正常了。"我憧憬着未来。

随着螯合的进行，橙子的想象力像是被凿通的泉眼里的泉水，迫不及待地喷涌出来。

螯合进行过三个轮次后，橙子就不再把任何东西排成直线了，这时他已经可以把几十块积木搭成复杂的造型并从中获得更大的快乐。而他能通过想象力从中汲取快乐的事物也越来越多。比如这天从星星宝贝回来，你妈妈要他做点连线的作业，他却拿了一把折叠尺，像剪刀一样剪那可恶的作业，口里念念有词："这是一把剪刀。"

没剪破作业，就把尺子倒转过来："这是一个 V。"

过了一会儿，橙子又把尺子转了 90 度，说："这像一个 7。"

等做完作业，一高兴，把尺子的张角收拢一点，边离开座位边举着手嚷："裤子，裤子！"

我在一旁看着橙子的表现，心底滋长出久违的舒畅。

到吃晚饭时，橙子指着装玩具的扁扁的盒子说"笔记本电脑。"。我听着高兴，但又不知道他是有想象力了还是真的把盒子当成笔记本电脑了，就扳过他的小脸，严肃地说：

"橙子，告诉爸爸，这是什么？"

"这是盒子。"

“它像个什么？”

“像一个笔记本电脑。”

随着螯合一天天地进行，橙子的眼神也逐渐转好。到螯合一个月的时候，斜眼以及寻求视觉刺激的行为几乎就没有了，他看起来又像一个机灵的小孩了。理解力也得到提升，学东西比之前也快了很多。我们在一开始并没有把螯合的事情和星星宝贝的老师们说，但老师们还是发现橙子自从身上带有一种刺激性气味后，就开始逐渐地好转。

“你们是不是给橙子吃什么药了？”经验丰富的王露首先感到怀疑，终于忍不住问了你妈妈。

“我们在给孩子做螯合。”

“没见你们去香港呀？”王老师不解地问。因为内地没有螯合医生，一个在星星宝贝里训练的叫“山子”的孩子曾经到过香港做螯合治疗。

妈妈只好把我们自己给孩子螯合的事情说了。

“你们还真敢干啊，”王露惊讶地说，“不过看起来效果比去香港的山子还好。自己干可一定要注意风险呀！”

“会不会有风险啊？”你妈妈回家后，就不停地跟我唠叨。

“我们每个月去儿童医院给橙子做血液检查，总可以吧。”

“也只能这样了。”我和妈妈对如何防范螯合的风险达成了共识。从此，我们成了儿童医院的常客，每个月的月初，都会带橙子去检查血液。好在一直到橙子结束螯合的两年后，他的血液检查都是正常的。

春节的时候，爷爷奶奶姥姥姥爷大姨大舅几乎都给橙子买了新的玩具。橙子得到这些玩具很开心，我则因为橙子会为得到玩具开心而开心，更为橙子会玩玩具了而开心。比如爷爷买的轨道小汽车，他看着图纸就会装配起来。小汽车跑起来后，他会在一旁高兴地说：

“小汽车过桥了，小汽车钻山洞了。”

另一个进步则是出现了很强的表演欲。他不但能把他会唱的儿歌手舞足蹈地唱出来，还会根据自己的认知改编一下歌词。比如《我爱我的小动物》这首歌，里面涉及的动物只有小羊小猫小鸡小鸭小狗，橙子却唱了更多：

“我爱我的小牛，小牛怎样叫，哞哞哞哞哞；我爱我的鸽子，鸽子怎样叫，咕咕咕咕咕；我爱我的乌鸦，乌鸦怎样叫，呱呱呱呱呱；我爱我的老虎，老虎怎样叫，嗷嗷嗷嗷嗷；我爱我的汽车，汽车怎样叫，嘀嘀嘀嘀嘀。”

唱到最后，已经不局限于动物了。

被初战胜利的成果冲昏了头脑，我认定螯合一定能把橙子从自闭的泥潭里拉出来。也许所谓的自闭症，就是重金属中毒呢，那样的话橙子早晚会痊愈的。我开始把这种疗法喋喋不休地告诉我遇到的每一个自闭症孩子的家长。我还在“荒漠甘泉”自闭症论坛上发了帖子，就叫“螯合后正脱离自闭。”我把从美国生命元素买螯合剂的过程也原原本本地写成了帖子发在论坛上。

螯合后，橙子的快速进步持续了三个月后就进入了稳定维持阶段。虽然橙子比起螯合前有了翻天覆地的变化，但是那是因为他的起点太低。他还不能达到正常小孩的标准。这主要体现在自闭症的核心问题，社会交流、语言、刻板行为，虽然有很大改善，但还没有从量变到质变的突破。甚至就连挑食、睡眠和对环境的恐惧都没有改善。

螯合三个多月后，我对橙子进入稳定期的状况感到着急。我不希望他稳定在这样的状态，我想他继续快速地进步。但毕竟前两个月的螯合让我对另类疗法刮目相看，我开始尝试寻找其他的疗法。

紧接着尝试的是皮下注射高浓度维生素 B12。专门给自闭症患者生产这种药物的又是一家美国公司，这又是需要北美医生处方的。再一次联系了柳岩，她帮我打探到依然可以使用国内医生开处方行医执照做公证的办法购买。

柳岩在电话里对我说：“这种疗法每天的 B12 注射量是人体必需的一千倍，很惊人的。”

“会对身体有害吗？”我问道。

“那倒不至于，但是超过人体必需量这么多，会有多大用处呢？”

“没害处就好，反正都是尝试。”

这个回答基本反映了我此时的心态。只要不是很有害，那就拿来试试。反正橙子已经是自闭症患者了，还有什么结果比这更糟糕呢？

因为嫌每次找护士注射麻烦，维生素 B12 由我亲自给橙子注射。给橙子注射前，先拿妈妈的胳膊练手。后来又买到一种需要肌肉注射的神经生长因子，则是先拿苹果练习，然后是你妈妈的屁股，最后才是橙子的屁股。因为手法笨拙，练习的时候把妈妈搞得痛苦不堪，连声抗议。

“那我们交换工作吧，你来负责打针，你用我的屁股练习。”妈妈的抗议让我没了信心。

“我拿针对着儿子下不了手，你心狠手辣还是你来吧。”妈妈用嘴最硬的方式认怂。心狠手辣的我终于练就了皮下兼肌肉注射的本领。虽然橙子有时对疼痛不敏感，但是对打针的疼痛却又过于敏感，每次给他打针他都因极度恐惧而拼命挣扎、鬼哭狼嚎，这在我断断续续给他打针的一年多时间里丝毫没有改变，以至于很多年后，橙子不听话的时候，我只要说一句“再不听话爸爸要给你打针了。”就能把他唬住。

15 高压氧

在我搜索到的众多自闭症另类疗法中，吸引我但又无法立即实现的是高压氧疗法。高压氧用于医疗一般是病人在2.5个大气压下吸氧，而我查到的用于自闭症的疗法采用的是在1.3~1.8个大气压力下吸氧。此时全国还没有一家医院有针对自闭症的高压氧治疗。

三月底，一个偶然机会遇到我的中学同学于前，他正在做医疗器械买卖。他告诉我说，其实北京是全世界高压氧舱最多的城市，因为所有三级甲等医院的评级都需要有足够的固定资产，而添置高压氧舱则是提高固定资产以达标的快捷方式。因此无论是否需要，许多医院都有添置了高压氧舱，尽管大多数都处于闲置状态。

有了这个信息，我决定自己找一家医院，来说服医生开设自闭症的高压氧治疗。

第一个想到的医院是儿童医院。一方面它是儿科的权威医院，另一方面橙子自从接受螯合治疗后，我们每个月都要带他到儿童医院检查血液，刚好又到血液检查的时间了。

这一次，给橙子抽完血后，妈妈带着他在医院中庭的儿童娱乐场玩儿，我则拿着打印的从网络上查到的高压氧治疗自闭症的资料，来到了位于地下一层的高压氧科。

高压氧科的候诊室，七八个孩子家长正在等候。通向高压氧舱的大门锁着。我趴在大门玻璃窗向里面张望，只见到黑洞洞的走廊尽头若隐若现的灯光。

几分钟后，一个女医生的身影遮住了光亮。随着她被光勾勒出的身影摇摆着放大，我知道她快到门口了，便向旁边撤了一步，腰挺直了站好。

门开了，出来的是一个年轻的女医生。

“大夫您好，”我在一旁对女医生说道，“和您商量个事儿。”

“什么事儿，说。”女医生停下脚步，脸向我这边扭了扭，又转了回去查看着手里的文件。

我赶紧递上我打印的材料并快速地说：“我的儿子患了自闭症。我在网上查到国外有用高压氧治疗自闭症的案例。我想问问你们高压氧科可否考虑了解一下……”

“孩子有病，就带孩子来看病，”女医生严肃地说道，“这些材料你自己收好吧。”

说完，回身在门上挂了“闲人免进”的牌子，把门重新关好后，径直离开了。

我垂头丧气地找到妈妈，把经过和她说了。

妈妈总结失败经验，说道：“医院里我们没有熟人。可惜顺义区医院没有高压氧，否则姐姐还可以帮上忙。”

妈妈的话提醒了我，于前作医疗器械买卖，他一定认识医院的人。

回家后，第一件事就是给于前打电话。电话里，于前说：“我认识医院的人不少，但和高压氧有关的，就只有聚水滩医院了，我这就给你打个招呼。”

认识人就是好办事。找到于前介绍的聚水滩医院高压氧科何大夫后，她就径直把我领到了高压氧舱室。

15. 高压氧

“这个是空气加压氧舱，”何大夫指着一个硕大的金属罐体说道，“空气加压就是靠泵入空气加压，而病人靠戴面罩吸氧。那边几个小的，是单人的纯氧舱，里面全部都是氧气。”

“两种氧舱有什么不同呢？”

“空气加压舱安全；它的体积较大，一次可容纳多个病人进舱治疗，像我们医院的这个氧舱一次可以容纳20个病人；我们医务人员也可以进舱，这样利于危重病人的救治。甚至在舱内实施手术。纯氧舱因为里面是纯氧，极易引起火灾，化纤织物绝对不能进舱，进舱的病人必须穿着全棉衣物进舱。前段时间有个医院发生氧舱事故烧死病人的，用的就是纯氧舱。”

何大夫如数家珍地给我科普着氧舱的知识。等她讲完，我把带来的高压氧治疗自闭症的资料给她看了。我说我认为应该用空气加压舱。

“最高只有1.8个大气压？”何大夫扶了扶眼镜，转过脸说道，“我们聚水滩医院的高压氧科很忙，每天的上下午都会有病人来治疗。就算我们愿意收治，你的孩子也只能跟着其他病人一起治疗，使用2.5个大气压的一般治疗气压。”

正说着，高压氧治疗结束的时间到了。氧舱门打开，先是一个担架被推出来，上面躺着一个被烧得面目全非缠满纱布的人。其余的两个也是肢体受伤的人。我在一旁看着，心想，根据我找到的资料，高压氧治疗自闭症至少要持续几个月时间，即使能接受治疗外伤用的2.5个大气压，但是橙子每天都与这些受到严重外伤的人在一起治疗，不知道对他的心理会产生什么影响。

“能不能为自闭症单独开一舱呢？”想到这里，我问道。

“在每年的供暖季节，全北京由于取暖造成煤气中毒的病人，大多都会送到我们医院，高压氧舱爆满，那时我们会在晚上加开一舱。现在取暖季节刚过，我们科的医生都想终于可以好好休息了，这时再加舱的话，就会有怨言的。再说了，总不能为一个孩子加舱吧？”

看来又是白跑一趟。我对何大夫表示了谢意，转身准备离去。这时何大夫像是突然想到什么，对我说道：

“哦，对了，定海医院的高压氧科是承包的，你可以去看看。”

原来医院的科室也是可以承包的！无论如何，对于今天我要做的事儿，承包绝对是好消息。我再次谢过何大夫，看时间刚过下午四点，便小跑着出了医院的门，打了辆出租车直奔定海医院。

十几分钟后，便赶到了定海医院，找到位于医院西侧的高压氧科。一进门，看到一个保洁员正在打扫地面，便上前撒了个谎，问道：“劳驾大姐，我来复诊，却忘记高压氧科的主任姓什么了？”

“哦，你说丁主任吧，他正在办公室呢。”女保洁员边用手指边说。

“哦，对，对！就是丁主任，谢谢。”我还没等保洁员说完，就忙不迭地向主任办公室走去。

我走到办公室门口，门半开着。我敲了门，说道：“丁主任在吗？”

“请进。”一个男声传出来。我进了门，一个高个子中年男大夫坐在办公桌后，想必便是丁主任。

“丁主任您好，我是慕名找到您这里的。”拍马屁吹捧套近乎，我本不擅长，在这一刻突然无师自通了。

“你有事儿吗？”

“我有个患了自闭症的小孩，挺严重的。我在网上找到国外有用高压氧治疗自闭症的案例，便打印出来。听说您是在高压氧治疗方面有建树的好大夫，就来找您，看看这个治疗方案靠谱吗？”说着，我把手里的资料递了上去。

“我原来是在部队医院主要治疗小儿脑瘫的，哦，这个你知道了吧，是不是有小孩家长提起过我？”

“对，就是这样。”我顺坡下驴，点头应着。

丁主任接过资料，低头仔细地看。过了十几分钟，才又抬起头来。

"你这份资料我很感兴趣，你可以留给我吗？"

"可以。"嘴里说着，心里却着急，就又问道："您觉得咱们医院可以开展这个治疗吗？"

"行。"回答痛快又简洁，我竟有心花怒放的感觉。

"两年前定海医院才建高压氧舱，我就从部队医院调过来了。来了才知道，这北京的医院里，有高压氧舱的太多了。需要高压氧治疗最多的两类患者是儿童和伤员。但在北京，儿童往儿童医院跑，伤员往聚水滩医院跑，其他医院的高压氧舱，大多成了摆设。这不，医院为了甩包袱，把科室承包给我了。"

没想到丁主任说得这么诚恳，我就认真地听下去。

"现在我们也想做点事儿，但还没有头绪。所以你拿着这个资料来找我，我还要先谢谢你呢。我治疗过脑瘫的孩子，自闭症却还没接触过。既然国外有先例，我想可以按着他们的方案进行。"

"定海医院的设备怎么样？"

"我们的设备还是不错的，走，我带你去看一下。"

说着，丁主任就起身，带着我来到隔壁的高压氧舱室。有一个大的空气加压氧舱和两个小的纯氧舱。这个空气加压氧舱看起来比聚水滩医院的小上一号，但是新很多，确实是很少使用的样子。

丁主任又把空气加压氧舱和纯氧舱的优缺点给我介绍了一遍，虽然我已经知道了，但还是边点着头边认真地听。最后我们达成一致意见，用空气加压氧舱来做治疗。

"这个大氧舱可以容纳 12 名病人，"丁主任说道，"最好能够多找一些孩子来，这样负担会小一些。否则单给你一个孩子治疗，一次的运行费用要 200 元，如果多几个孩子，就可以按着正常的高压氧每次 40 元来收费。"

"什么时候可以开始呢？"

“只要找到四五个孩子，我们随时可以开始。”

我觉得这是我想要的最好结果了，于是向丁主任道了谢，回家了。

第二天，我和妈妈一起带着橙子到星星宝贝。我的任务就是游说星星宝贝的家长，看看有没有愿意带孩子做高压氧的。但是一天下来，我没有说动一个家长。就连老熟人小树林妈妈，也没能说动。小树林妈妈刚刚和小树林爸爸离了婚，她一个人能继续带着孩子在北京训练，已经很不容易了。

我想我要是一个做销售的，我们一家全都会饿死。这样的结果一方面是因为我煽动别人的能力有限，另一方面就是，在星星宝贝训练的孩子大多来自于经济条件差的家庭，每次 40 元的治疗费对他们来说已经不低了，更何况这是一个不保证任何疗效的治疗呢？

没有办法，我只好借助于网络。在荒漠甘泉自闭症论坛上，我发了这样一个帖子：

“定海医院准备开展进行针对自闭症的试验性高压氧治疗，有愿意参加的家长，请发悄悄话联系我。”

发完帖子，自己并没有抱太大希望——毕竟国内高压氧治疗自闭症的信息很少，能查找到的国外的资料也不是很多，疗效连医生还都不知道，怎么会有人来报名呢？

果然，直到我发帖的第三天，悄悄话信箱才来了第一封报名信。但是看了信，让我喜出望外。信上说：

“橙子爸，您好。我这里有六个孩子想接受高压氧治疗。请电话联系我。韩青。”

我立刻按着悄悄话上的号码拨了过去。接电话的韩青是个女人，她说她的孩子是自闭儿，已经十岁了。现在她自己办了个自闭症训练机构，叫桃源。她自己的儿子还有机构里另外五个孩子都愿意参加高压氧治疗。

和韩青通完话，我立刻给丁主任打了电话。我们定了每周一到周五的下午四点开舱治疗。这个时间是为了将就训练机构的下课时间。

到了开舱的日子，我和妈妈带着橙子来到了定海医院。由于路上堵车，等我们到医院的时候已经快到4点了。一进高压氧科的大门，就见到几个家长带着自己的孩子在试戴氧气面罩。

“是橙子爸爸吧？”一个面色苍白的瘦高女人站到我面前，说道：“我是韩青。”

“你好你好，”我赶紧和她握了手，说道：“多亏是你，找到了这么多孩子，这个高压氧治疗才能开展。”

“你找丁主任的事儿，丁主任都说了，还是要谢谢你。”

“对呀，是要谢谢你，”这时，另一个女人过来，说：“我昨天才看到你的帖子，就跑来问了丁主任，才知道了你的事儿。我自己还是定海医院的医生呢，惭愧呀。”

原来这是一个有自闭症儿子的定海医院的医生，姓郝。

韩青带来的六个小孩，加上橙子再加上郝医生的儿子棒棒，一共是八个孩子。丁主任说因为第一次进行自闭症的高压氧治疗，自己也是学习过程，治疗费用只收取成本费，每人每次27元。

高压氧治疗刚一开始，麻烦就来了。丁主任说每个孩子可以由一个家长陪同，但是等别的孩子都进舱坐好了，妈妈还是没有把橙子拉进舱门。橙子连哭带嚎连踢带打，坚决不进这个狭小的空间。没办法换我上，却还是以失败而告终。最后只能夫妻联手连拉带拽，算是把橙子弄进了舱，一左一右，把橙子压在了座位上。

丁主任见我们好不容易才把橙子压在位子上，便说道：“你们两个都留在舱里吧，我看这孩子可真不容易对付。”

舱门紧闭，开始加压。我们不停地给橙子喂水，以减轻空气压力变化对他的耳膜的影响。压力到了1.3个大气压，就开始吸氧了。橙子却依然哭闹个不停。要想给他戴上面罩几乎是不可完成的事，无论面罩压在脸上还是带子勒在后脑，对他来说仿佛都会有无法承受的痛。这时我心里也有无法承受的痛，本来橙子刚从大退化中走出来，让我看到些许希望，但是今天的表现，至少说明在适应环境上，他还是这八个自闭症小孩中最差的。

吸氧的时间一共是一个小时，就这样眼看着时间一点点过去，还是无法让橙子从面罩中吸到氧气。最后十分钟了，橙子像是累了，我才第一次把面罩紧紧地扣在橙子的脸上，才看到吸氧量的指示柱上下移动。

然而还没吸上几口，橙子的嘴又拼命地动，像是要说什么。

“我要尿尿。”面罩一松，橙子大声地喊了出来。想必是加压的时候水喝多了。好在矿泉水瓶子空了，可以用来接尿。橙子足足尿了半瓶。妈妈怕尿味熏到别人，赶紧把瓶子盖拧紧。

这时候，吸氧的时间就差不多结束了。

压力下降时耳膜同样不舒服，我自己咽着口水，同时喂橙子吃着薯片。看着压力快降到头，妈妈收拾残局，她拿起了装尿的矿泉水瓶子。

突然间，就像冠军台上庆祝胜利的F1车手手中的香槟，装尿的水瓶瓶盖“嘭”的一声崩开，里面的尿液飞溅出来，有一部分汽化成雾状，尿骚味弥漫在狭小的氧舱之中。

本来八个孩子再加上家长把氧舱挤得满满的，这喷溅出的尿液不可避免地溅到了别人的身上。我和妈妈都忙不迭地说对不起。好在氧舱里多是大龄自闭症孩子，家长在孩子身上各种苦难受得多了，包容心很强，都说没关系。郝医生多说了一句：“在氧舱里的水瓶不能拧紧的。”

是呀，丁主任不是在入舱时也叮嘱了吗？喝水的瓶子不要盖盖子。怕橙子的尿味出来熏到别人，妈妈才拧紧了瓶盖，却没想到尿瓶和喝水瓶有着共同的物理性质，由于气压变化把这一泡童子尿发扬光大。

糟糕的气味让舱室里的两个孩子也哭闹起来。橙子也一直没消停。好在气压很快降到常压，舱室的门打开了。家长们带着孩子鱼贯而出，在洗手间门口排起了队。

我拉着橙子出来，坐在椅子上，妈妈则找来水桶墩布，开始清理氧舱。

丁主任走过来。我沮丧地对他说："橙子根本就没有吸到氧气。"

"慢慢来，他总得有个适应的过程。"丁主任安慰我说："即使只是吸入加压后的空气，也是有好处的。"

就这样，直到两周后，第十次入舱的时候，橙子才渐渐地适应了高压氧舱的狭小环境和氧气面罩的接触，开始真正吸入氧气了。再后来只要我一个人带着橙子进氧舱就可以了。带着一些卡通书，橙子边吸氧边看书，我们还有机会和别的家长聊聊天。有一次聊天时郝大夫说橙子虽然闹得厉害，但眼神看起来最机灵，说不定将来能上大学。我知道她在安慰我呢，但我听了还是很开心。

和我交流最多的是韩青。我曾问她怎么在几天内就找到六个家长来做高压氧，而我在星星宝贝却动员不到一个家长。

"这些家长很多都是这两年在网络论坛上认识的，本身都是对生物疗法比较认同的，在网络上认识后，本地的家庭就聚在一起，形成一个圈子。后来我们几个家长共同组建了桃源，希望给我们的孩子长久的庇护。正因为如此，看到你的帖子之后，我们这儿的大多数家长都愿意尝试。你的排汞的帖子我看过了，很佩服你的果断。我知道螯合疗法六年了，也是最近才开始治疗。但是我儿子已经十岁，很难有效果了。"

"我以为自闭症螯合疗法是最近才有的。"

"六年前，那时候美国生命元素公司刚刚成立，推出的产品还是口服螯合剂，我就飞到美国，和他们的老板见了面。"

我听闻此言吃了一惊，看来此人能量不小。人外有人，以后不敢说我是国内第一个买到生命元素产品的人了。

"那你当时为什么没有给儿子做螯合？"

"其实生命元素的老板已经说服了我，我也买了螯合剂回来。但我就是太过谨慎了，又跑到职业病研究所去了解，知道这种口服螯合剂其实是我们中国人发明的，用来治疗重度重金属中毒，国内所有的人都说有风险，说当时生命元素公司治疗的样本太小，没有说服力，我就放弃了。现在想起来真是太可惜，错过了低年龄的最佳治疗时期。”

“是呀，”我附和着叹口气，接着问道，“桃源里的孩子平时做些什么呢？”

“就像其他自闭症机构一样，训练。只不过我们采用的是全息益智教学法。”

“哦，这个我知道，”我想卖弄一下，“是香港那个叫陈什么的发明的吧，我看过他的书。”

“是台湾的陈柏陶。你有他的书？”

“我在别的家长那里看到的，你感兴趣我帮你借。”

“不必了，陈柏陶现在就在北京讲课，现在他就住在我家。”

我回家把和韩青的对话转述给妈妈，她对韩青佩服得五体投地，以后竟主动要求带橙子进高压氧舱，就是为了和韩青聊天，增长见识。再后来，索性把橙子也转到桃源做训练，直到我们离开中国。

也许真的是橙子只有三岁多的小年龄的优势，高压氧治疗三个月后，他又出现了明显的进步。这时的进步出现在两个方面，一个是不挑食了，另一个是睡眠好了。丁主任做治疗记录的时候把这些都统计到高压氧的疗效中。但我心里对此却不十分肯定，因为在高压氧的同时，橙子同时还在禁食牛奶和小麦，涂抹螯合剂，注射大剂量维生素 B12，服用抗酵母制剂，服用益生菌，服用抗病毒……天知道是哪种治疗起了作用？但是我不在乎，只要没有严重副作用，趁着橙子还小，就都尝试吧，或许他的大脑还有机会向好的方向生长。

高压氧治疗一段时间后，橙子的状态达到一个高峰。那时候我和妈妈坚信也许持续下去，橙子会痊愈成为一个正常的孩子。然而后来橙子却像螯合的前两个月过后一样，又进入一个稳定阶段。在这之后直到今天，橙子的状态起起伏伏，却再也没有螯合和高压氧治疗的前两个月那种大幅度进步了。

这一时期我给龙马公司设计的超高速扫描阅卷机进展顺利，后来的款项王长明都按合同支付了。后来的两个设计，一个是简化的低档扫描阅读机，一个是扫描银行票据的专用扫描仪，也进展顺利，在这一时期总是有四万一沓的人民币不定期地飞到我的抽屉里，然后又一张张地飞走，换来橙子的各种针剂片剂药膏和高压氧舱的门票。

然而看到变得能吃能睡，眼里还有灵光的橙子，我觉得这一切都是值得的。这些另类治疗的全部意义也许只是把橙子从滑向最严重自闭症的危机中解救出来，最终成为一个中度自闭症患者。虽然离最初心理期望的能够康复的目标还差得很远，但是，也许是只有身处其境的自闭症家长才能理解到的，有一个可以一定程度享受生活乐趣的中度自闭儿和有一个完全封闭的重度自闭儿之间的差别。

螯合、高压氧这些另类疗法，并没有带来橙子痊愈的奇迹。但橙子确实从中受益。然而也许每个自闭症的孩子病因都不一样，我也听说很多孩子应用这两种疗法毫无效果，也听说有的孩子进步神速，甚至成为正常孩子。虽然橙子还是自闭症的孩子，但我还是很感谢那些把生物疗法信息翻译并放到网上的人，让我有机会为橙子尝试。

16

命运急转弯

递交加拿大移民申请是在橙子出生前两年的事儿了，但是后来由于加拿大移民政策改变，我和你妈妈达不到新的标准，就不再关注，甚至忘了这件事儿了。然而六年后，加拿大使馆竟把电话直接打到我的手机上。我听到的第一句话就是问我是否还打算移民加拿大？我脑子经过短暂的发懵后，就迅速意识到，加拿大能去还是要去的，便回答“是”。

“请问为什么没有给我们使馆回信呢？”电话里的人问道。

“我搬家了，有些信也许没有收到。”申请移民的时候，我们留的是爷爷奶奶家的地址，后来在橙子一岁时搬到新家。这两年有的时候奶奶确实说过来了加拿大使馆的信，但是我全部心思都在橙子的病上，心里说加拿大移民政策都改了，还发什么信，便看也没看，就让奶奶自行处理了。

电话另一头跟我要了现在的地址，又问了我有没有孩子，之后没多废话，就把电话挂断了。一个星期后，我收到了加拿大使馆来信，要求补充材料，包括孩子的出生证明、大人的学历认证、无犯罪证明和我的英语雅思考试成绩和工作中应用英语的证明。能准备的都准备了，这个雅思却是不能考的，这些年来断了移民的念头，也没有认真学过英语，真的考的话就露馅了。好在我为了能在进入大学工作前评上高级职称而考了职称英语考试，便把职称英语考试的成绩单复印了，成绩单上的中文字翻译成了英文，算作是工作中应用英语的证明。寄出资料后，我自己都觉得我的英语证明太糊弄了，毕竟是技术移民，人家对语言还是有要求的。不管怎么说，也要临阵磨枪突击一下英语，还有面试关要过呢。

然而不到两周，我甚至还没来得及真的开始学英语，就又收到加拿大使馆寄来的信封，里面装着体检表。

“难道是加拿大移民改政策了？先体检后面试？”我疑惑地看着体检表，对妈妈说。妈妈更是不懂。到网上查查，政策没变，我们被免面试了，也就是说只要通过了体检，一家人就可以去加拿大了。

不管怎样，还是先体检吧。这件事儿也许只能解释为命运的安排。这时候正是橙子经过螯合治疗和高压氧治疗后状态最好的时候，外人看他都会觉得和正常孩子无异，就连爸爸妈妈也认为橙子是个健康孩子了——那时候我正以为自闭症就是重金属中毒，螯合完了自然就痊愈了。于是选了最近的体检诊所，一家人开开心心地去体检了。

那一家做体检的诊所的地面上，铺着有各种几何图形的地砖。体检那天，橙子一进门，便高兴地用手指着地砖，一边蹦跳着一边大声喊：“正方形，圆形，三角形，平行四边形……”橙子的训练课刚刚教过认形状，这段时间橙子随时说看到的东西的形状，应该说是有些刻板，医生护士们不知情，反而都被这个可爱的小男孩逗笑了。

等我和妈妈轮流做完各项检查后才知道小孩子并没有特别的医学检查，我心里就踏实了。

唯一麻烦的是测身高体重，也许因为磅秤放在房间的角落里，狭小的空间让橙子感觉不舒服了，他站在上面不停地挣扎着要下来，我试着把他按住可那样又无法测量体重了。好在妈妈及时地拿出手机放了一段他喜欢的铃声，他抬头看手机的一刹那，我放开他并快速地把身高标尺放到他头顶，旁边的小护士读取了还在摇摆的体重指针的中间值。体检这关就算过了。

体检后过了四五个月，2006 年年底的一天，我收到了加拿大使馆寄来的特快专递——一个大牛皮纸信封，里面装着我们全家人的护照和移民纸，做公证用过的一些材料。直到此时，我还从未踏进加拿大使馆的门半步，我们的移民申请就糊里糊涂地成功了。半年内，我们全家可以随时启程，前往加拿大定居了。

几年后，我们才知道详情：加拿大移民政策改变后，我们这一批移民申请者中，有好事者将加拿大移民局告上了法院，几年的官司打下来，移民局竟然输了。于是，移民局加班加点，联系上这批移民申请者，通知补材料体检，全部免英语考试免面试直接发签证。

直到此时，我和你的妈妈才真正意识到，我们要离开中国，到另一个遥远的国度，开始新的生活了。我对妈妈说，在网上查到的信息，加拿大的新移民工作都不太好找，博士生开卡车开出租端盘子的情况都不新鲜，也许下半辈子只能做一些体力劳动养家了。妈妈说，无论如何，对橙子的未来是好事，这就值了，不是吗？

2007 年春节前，我们接到星星宝贝的王露老师的电话。她高兴地说中国政府正式承认自闭症为残疾了，自闭症儿童已经可以享受残疾人待遇了。区里到星星宝贝作统计，虽然橙子离开了几个月，她也给报上名了。现在区里给每家发了两桶食用油和一袋子大米，让我们有时间过去取。

我说这是好事儿，谢谢中国政府，好意我们心领了，慰问品就转送给小树林妈妈吧。然后告诉她我们要去加拿大了。王露很吃惊，说这么长时间没听说你们要移民呀。我说事情很突然，我自己都觉得不可思议。

我们定在 2007 年的 5 月份启程飞往加拿大，留下几个月的时间处理好在国内的还在进行的工作。这时候我给龙马公司设计的三个机器都已完成，只剩下最后一笔四万元还没有付，我只要把这笔钱讨要回来就算圆满。更圆满的是正当王长明要我帮他找一个能够接替我作后续的工作的人时，我的一个也学了机械设计的表弟，来北京要我帮忙找工作。我把表弟介绍给王长明，双方都很高兴。不久，王长明把最后一笔设计费也付给我了。

遗憾的事儿是我在工业大学所做的工作不得不中止了。那时候中国正处在汽车工业井喷式发展的起始阶段，很多汽车零配件的生产线都在上马。我参与的项目组，虽然有两次投标失败了，但正是在参与的过程中积累了经验，也许离成功不远了。如果成功，我可以分得所获利润的三分之一，更可以因此进入大学任教。但这一切都只能放弃了。想想放弃进入大学工作的机会去异国他乡，有可能作一辈子苦力工，心里难免有些酸楚。

这段时间也有令人欣慰的事儿，那就是我竟然这么快就可以报答为我买美国处方药的柳岩同学。她的父亲经营了一家研制特种机床的公司，发展得还不错。现在她父亲年龄大了，想召他的女儿回来接班。柳岩回国后，第一个想到要我去帮忙，但可惜我要出国了。到她家的工厂参观时，我发现她父亲还在用手绘图，就建议改用三维设计软件。柳岩，这个双料医学博士，在她爸爸的工厂学习设计特种机床的同时，又学习了三维机械设计软件。其实我一共只教了她三四次，入了门后她就开始了自学。没过多久，医学博士就设计出了一台特种机床。

在出国前还做了一件事儿。开始我以为做了一件好事儿，但后来我却不能确定了。一次我检索网上信息，偶尔看到一篇介绍从美国大烟实验室归国的何电博士，在北京北郊建立一家名为西诺奇的实验室。美国大烟实验室是和美国大平原实验室齐名的医学检验机构，既然大平原实验室能做那么多自闭症生物疗法的检测项目，那么大烟实验室应该也有能力做，网上介绍何电是大烟实验室高层领导，那么他回国创办的西诺奇就应该也有做这些检测项目的潜力。

我就在网上查到西诺奇的电话，找到何电，向他询问是否可以开展自闭症生物疗法检测项目。没想到他对此并不了解，但他很感兴趣，还主动约了时间要和我面谈。

那时候妈妈正带着橙子在韩青的桃源上课。我想韩青对生物疗法了解得更多，就也约她一同去见何电。韩青又约了定海医院一起给孩子做高压氧的郝大夫同去。

见面的时候，何电，这个西装笔挺的中年男子，讲述了他在美国奋斗的经历，让人听起来就像又一个钱学森回国了，中国的医学检测事业有希望了。何电讲完，韩青介绍了她所知道的针对自闭症的检测项目，我根据我的经验作了补充，郝大夫一言不发，若有所思。

何电听完我们所讲的生物疗法检测项目，说头发重金属和食物不耐受可以立即开展，其他项目日后逐步开展。

回家的路上，我和韩青都挺高兴。虽然我们都用不到西诺奇的医学检测（我即将出国，韩青的孩子所有检测项目都做过了），但我们觉得是帮助中国的自闭症小孩的生物治疗检测开辟了一条新路。一直沉默不语的郝大夫忽然开口，给我们泼了一瓢冷水。她说她一进门就认出了这个何电，和她是同一所医学院毕业的，比她早几届，出国前也在定海医院工作过，曾经卷入了一起学术造假事件。由此她判断何电是个骗子。

后来，西诺奇的自闭症医学检测开展起来了。我在网上了解到一些家长在西诺奇做检测花了不少钱，但并没有实质的帮助，心中有些不安。曾经分别给韩青和郝大夫打过电话谈论此事。韩青坚定地认为这是一件好事儿，总比带着孩子出国检测好得多。郝大夫一如既往地认为这家检测机构就是在骗钱。我不知道她们两个谁的看法离真相更近，每每在自闭症论坛上看到有人去西诺奇做检测的帖子，不知该欣慰还是该自责，只能默默地躲在角落里品味着什么是五味杂陈。

到了出国的时候，橙子在桃源训练了差不多八九个月了。和星星宝贝定海培智不同，这里遵照的全息益智法是按着孩子视、听、动的不同程度来做提高训练。橙子听觉能力过高，不用训练了，其他两项要经过大量训练来提高。一个重要训练项目是双手拍球。这里许多孩子训练一段时间后，一手一个皮球，拍得上下翻飞，如同杂技演员一般。橙子却进步缓慢。缓慢到惊动了全息益智法的发明人陈柏陶，他巡视到桃源后，把橙子的进步慢归咎于他的训练老师心慈手软溺爱孩子。其实这个情况我早就知道，那个训练老师姓于，还是个年轻的姑娘，非常喜欢橙子，不忍心强迫他训练。课间休息，于老师还会抱着橙子逗他玩儿。我心里觉得让橙子感受到这份关爱，也许比他学会拍球更重要。但陈柏陶却不这么想，他认为于老师是在砸他的招牌，于是他把于老师辞退了，我们求情也没用。但橙子最后也没学会拍球，因为已经快到出国的日子，留给新老师的时间不多了。

2007 年，飞往加拿大的国航航班优惠新移民，每人可以托运三个三十二公斤的行李。我们一家三口，准备了八个三十二公斤的行李，每一个行李都过秤，塞得满满，充分利用三十二公斤的额度。那时候一加元换七块多人民币，想想我们的钱除以七后，不知道在加拿大还能买多少东西。于是锅碗瓢盆、衣服鞋帽甚至橙子的玩具，都要和我们一起漂洋过海。

最难过的是和爷爷奶奶告别。那时候他们两个快七十岁了，身体并不是很好。好在想着你大伯很快可以给他们办团聚了，心里算是有所安慰。他们也安慰我，说出去有困难就和家里说，不用牵挂他们。

飞机是在橙子的哭声中起飞的。为了不让橙子打搅别的乘客，我们给橙子要了靠窗的座位，妈妈挨着橙子，我坐在橙子的后座，从两个方向夹击才能有效控制住他。伴着橙子的哭泣，透过舷窗看着北京逐渐消失在一团灰雾之中，心里默默地说了声“再见。”

亲爱的西瓜，我已经讲完了我们全家在北京发生的故事了。当我写到这里的时候，你的妈妈收到了入籍考试通知，我也要花一些时间照顾你和哥哥，好让妈妈有时间准备考试。2013 年以后，加拿大的入籍考试突然加大了难度，有很多人都不能顺利通过考试。妈妈必须花时间认真地学习。她总是抱怨那些历史时间人名真的很难记，可是她看书的时候你却时常跑去捣乱。有的时候妈妈甚至会生你的气，她说：“别缠着妈妈，没看见妈妈学习呢。不好好学习，妈妈就入不了国籍，哥哥就入不了国籍。你倒是不着急，因为你有加拿大国籍了。可是你知道 BC 省执政党是哪个吗？你知道烧毁美国白宫的是哪一位加拿大将军吗？你凭什么有国籍呀？快，找爸爸去，让妈妈看书！”

于是，我就要用全部业余时间来照看你。等妈妈考完试，我才能再继续给你记录我们一家移民后的故事了。

17
到达彼岸

妈妈去参加入籍考试这一天，我留在家里照看你。中午时分，下了半日的雨还没来得及停，阳光却忽然从我家的百叶窗的缝隙中挤进了进来，在地板上和你的身上镀上一条条亮线。天晴了。在温哥华的冬季，晴朗的日子像节日一样稀少，我马上把你抱到院子里过节。

空中，乌云退去，一道彩虹刹那间悬在头顶，像用了各色油彩刚刚画就般明晰而艳丽。你指着彩虹，瞪大双眼，发出了尾音上挑的长音“咦……”你的声音未落，彩虹的外围又浮现了第二道彩虹，飘逸清淡，又分明改为水墨的痕迹。你又用手指着天空嘴里发出急切的“啊！啊！”的惊叹音。这是你第一次看到彩虹，也是爸爸一生中见到无数次彩虹中最美的一次。爸爸连忙跑回屋取来相机。但爸爸还没把尼康 D90 的包围曝光设置好，彩虹却逐渐褪去了。美好的事物总是那么短暂。你指着天空，眼睛看着我嘴里叽里呱啦地说着婴儿语，我知道你在跟我要彩虹。我说没有了，等下次吧，可是你不相信。我只好抱着你，把你举高高让你骑在我的脖子上，在院子里巡视一周，还是没有。恰好这时一架飞机从头顶飞过，你指着飞机又叫嚷起来，我不知道你是不是怀疑飞机和消失了的彩虹有关。便不管你听得懂听不懂，跟你讲这是一架客机，它不会带走彩虹，但它可以把人送到遥远的地方。爸爸妈妈和哥哥，就是在七年前坐着飞机，从遥远的中国到加拿大的。

在那架飞机上，虽然我和妈妈一右一后控制着靠窗而坐的橙子，但是还是没能阻止橙子对其他乘客的打搅。在座位上坐定后，橙子立刻受到机舱中空间感的压迫，开始声嘶力竭地哭。据说小孩哭对于乘坐飞机来说是一件不吉利的事儿。现在想来，还要感谢托运行李时因为超重耽搁了时间而使得我们登机时几乎迟到。这样橙子刚开始哭，飞机也就起飞了。如果早早登上飞机，橙子哭上半个小时，还真不知道机长还愿不愿意开始这次跨洋飞行呢。在那之后，橙子在桃源的同学、一个著名影星的儿子，就因为在飞机起飞之前长时间无法保持安静被赶下了飞机。

但那时我们还不知道好运已经在伴随着我们。环绕在橙子哭声的周围，我感觉到一定是一双双鄙夷的眼光，让我如芒在背。我的目光甚至因怕和别人的目光接触到而不敢离开橙子。

坐在橙子前座的，是一个穿灰西装戴眼镜的青年人。飞机升空后，灰衣青年打开笔记本电脑，开始玩儿游戏——飞行射击游戏。青年人已经把笔记本电脑的声音调得非常小——我是听不到所以作此假定，但橙子立刻就听到，或者感受到，他站在座位上，伸着脖子看，手却抓了青年人的头发。

青年人吃了一惊，回过头来看。我马上抓住橙子的双手，张开双臂紧紧地箍住他。妈妈从橙子的后排站起，向前伸着脖子向青年人道歉，我也扭过脸，赔着笑脸说："对不起。"青年人面无表情地"哦"了一下，回过身去继续玩儿游戏了。

当橙子站在座位上，能看到青年人的电脑屏幕时，哭声会减弱一些。但他的手扶着前座靠背，总是难免碰到青年人的头。青年人不胜其烦，收了电脑，看不到电脑，橙子就再次放声大哭起来。青年人喊来空中小姐，问能不能换个座位。空姐回答今天的航班满员，无座可换。灰衣青年懊丧地捂着脸，把头靠在前座后背上。

橙子继续哭，终于惊动了机长，他亲自来过问橙子的情况。我告诉他孩子是自闭症患者，对环境极度敏感不适应，只要换个陌生环境，他一定会哭个不停。我希望表达的意思是，我儿子总之是要哭的，和坐哪架飞机没有关系，和飞机的灾难预兆没有关系，请不必担心。我不知道机长是否听懂了我的意思，同灰衣青年几乎一模一样地“哦”了一声，没有任何其他表态就回去开飞机了。我坐在自己的位子上焦虑地向舷窗外望了望，心想此时应该飞出国境了吧，我们没有俄罗斯签证，总不能中途把我们扔到海参崴吧？

妈妈显然有着同样的担心，她也许怕橙子的哭声引起众怒，便利用一切机会，向周围的乘客重复着同样一句话：“不好意思啊，小孩子不懂事啊。我们也是没办法啊。给大家添麻烦了啊。”

飞机自西向东飞行，叠加了地球的自转，日月交替速度加倍，很快就入夜了。这一夜我没有入睡，橙子也是，他一直哭个没完。也许人会在自己的大脑里屏蔽自己不想记住的事儿，我对这一夜发生的事儿记得相当的模糊。大脑里残存的印象只有几个断开的镜头：有个人走过来絮絮叨叨地说了一通，但这是个什么人说了什么记不得了；我扛着橙子去厕所，一个年轻的妈妈趁机拿橙子做反面教材夸自己的孩子乖；当短暂的黑夜结束，橙子打开舷窗遮阳板，刺眼的阳光射进来，一个中年胖子一边把毯子蒙到头上一边大骂，妈妈一边道歉一边重新拉下遮阳板。

就这样煎熬着，终于邻近中午了，此时北京时间还是凌晨，飞机进入了加拿大的领空。橙子的哭声没有停止过，但是飞机上的人却都适应了。当然是无奈地适应了，否则又有什么办法呢。飞机开始调整方向，已经可以感觉到飞机的倾斜。我往橙子一侧的舷窗外望去，同样是蔚蓝色的大海和天空的尽头冒出一块耸立着雪山的陆地。零散的云朵游荡在山峰之间，调和着天空和山峦的色差。山的尽头，是大河的入海口，入海口周围是一块绿色的平原，就是我们的目的地温哥华了。

飞机落地后，我和妈妈带着随身行李，拉扯着还在没完没了地哭泣的橙子，走在温哥华国际机场航站楼中。我们是在北京时间四月二十日

15:50起飞的，但现在的时间是温哥华时间四月二十日12点，从我所处的当地时间来看，这次旅程我们不但没有花任何时间，还倒赚了三个多小时。但我没有赚到的喜悦，反而希望这段赚到的时间里发生的事儿根本就没有发生过，或许，最后接下来的三个小时发生的事儿也没发生过。

疲惫、困乏、紧张、焦虑。尽管意外看到机场里的指示牌都标注了中文，尽管听到机场广播里传来标准普通话的甜美女声："从祖国大陆来的CA991次航班的旅客请注意，你们的行李……"

带着不停哭泣的橙子，排了好长的队，才到了海关关口。一个高鼻梁黑皮肤的印度裔女官员用咖喱味的英语问了一个简短的问题，我却张嘴不知如何回答，她便顺手一指，叫我们去一个专门说普通话的窗口。又是好长一个队，橙子照样哭。排到后一个华裔官员问了我们从哪来到哪去之后，便叫我们先去移民部办公室办手续。

在移民部办公室，我们竟受惠于橙子的哭，我们被请到一个窗口提前办理而不必排队。这次是一个印裔模样的男官员，他没有难为我的听力，直接拿出一张中英文对照的表格，用铅笔指点着要我选择。等各种手续办完了，一个操着广东口音普通话的人告诉我们可以去取行李和申报现金了。

妈妈带着橙子在一个长椅上坐下来休息，吃东西。我一个人先去申报了携带的现金，然后去找行李。因为耽搁了一些时间，我们乘坐的CA991航班的乘客行李已经被搬离传送带，散落在大厅的各个角落，一个人高马大的白人警察正牵着一条尖头尖耳的黄毛警犬，在行李周围走来走去，嗅来嗅去。我们家一共八件行李，这费了我好长时间把它们一一找齐。具体有多长呢？也许是45分钟，又或许是一个半小时，总之很长而我又没看表。

当我把八件行李堆高码放在一辆行李推车上，颤颤巍巍地推着，回到长椅处找到他们母子俩时，着实吓了我一跳——穿着各种制服的工作人员正围绕着这一对儿正在哭泣的母子。这些穿制服的，我只知道一个高大的黑人的职业——腰里别着的手枪说明他是个警察。

我赶紧分开人群走了进来，问妈妈怎么回事儿？妈妈的手正拿着卫生纸堵着橙子的鼻子。她不哭了，稳定了一下情绪，说了事情的经过。

原来我离开一段时间后，橙子流了鼻血。流鼻血后橙子哭闹得更厉害，之后鼻血流得更严重，之后更哭闹，成了恶性循环。妈妈只能用卫生纸揉成个团，塞到橙子的鼻孔里。可是卫生纸很快就被橙子的鼻血湿透了。正在这时，大块头的黑人警察出现了，他笑容可掬地问发生了什么，妈妈用简单的英语回答：nose bleeding。看到橙子哭，黑人警察想逗橙子高兴，便凑近了说些安抚的话。橙子当然听不懂，而且，他没见过黑人，他可能被吓到了，不但哭闹得更厉害，还连踢带打。这不，一下子踢到警察的命根子了。黑人警察后退两步，收着腹哈着腰，一脸尴尬地离开了。

妈妈用纸团堵着橙子的鼻孔，差不多成功了，这时黑人警察又带来了一个女医生。医生看了让妈妈把纸团拿出来，捏着橙子的鼻子，叫橙子仰头。没想到橙子又一次失控，把医生也打了。他的哭声奇大，又招来了其他的机场工作人员。

一通忙乱后，终于来了一个会说普通话的工作人员做翻译。医生又把她的治疗方法详细的和妈妈说了一遍。可就是不见效，最后又是妈妈把纸团塞到橙子的鼻孔里，才好一些。就这样一直折腾到我回来。

会说普通话的工作人员最后对我们说，温哥华太干燥了，所以小朋友才流鼻血。我对他说孩子过去常流鼻血，都是这么堵着的。为了防止再次流鼻血，我跟医生要了一团卫生棉。医生最后说如果离开后继续流鼻血而我们控制不了的话，一定要致电 911。她在我们离开前，拿了一张单子叫我签字，以证明她已经告知我在何种情况下致电 911 了。

终于带着哭天抹泪的橙子，推着装了八件行李颤颤巍巍的行李车出了机场的时候。你的大伯在外面已经等得着急了，他问怎么这么久才出来？我说一言难尽。

18

温哥华的家

由于大伯帮我们租的房子要到五月才能入住，所以在这之前我们要先住到姑姑家。那时姑姑家在UBC（不列颠哥伦比亚大学），住在一栋有多个房间的独立屋。

大伯开着车带着我们一家人飞驰在通往姑姑家的路上。我向车窗外张望，也许是还不习惯纯净而透明的空气，只觉得温哥华的阳光炫目，花草树木色彩靓丽得让我不习惯，甚至觉得有些虚假。嗅着从车窗缝隙吹来的海风，我问大伯温哥华靠海边，为什么还会干燥呢?

大伯回答道："因为这里的纬度高。"

汽车行驶到左侧是大海右侧是森林的一段高速公路时，橙子的情绪终于逐渐好转起来，不哭了。他本来就爱坐车，随着车辆的颠簸，他竟然睡着了。在炫目的阳光照耀下，我竟也迷迷糊糊地睡了。

我在停车的瞬间醒来。姑姑家住的是一栋三层小楼，坐落在宽大的院落里，门前各色的杜鹃玫瑰开得正旺，花丛环抱着的是一个有金鱼在荷叶间穿梭的水池，水池中央一人多高的假山上一个小小瀑布潺潺流下，落入水中叮咚作响。环视周围，宽大幽静的街道两侧都是这样宽敞的院落，门前精致的花草，院里漂亮的洋楼；举目远眺，天蓝得醉人心脾，云飘得心神荡漾。见此风景，我心说这里何止是世界上最适合人类居住的地方，这里简直是天堂嘛。

姑姑是爸爸和大伯的堂姐。见了面，姐弟三人很是亲热了一番。我向姑姑介绍了妈妈和橙子。姑姑和大伯已经知道橙子的情况，但橙子活跃起来还是出乎他们的意料。橙子在小楼里上上下下地跑着，很是开心。这栋颇有些年岁的木结构小楼被橙子的脚步震得咚咚直响，整栋建筑都像是在颤抖着。橙子兴奋起来，我和妈妈也管不住他了。好在最后姑姑出面，恩威并施，才控制住橙子。姑姑也做过教师，对付顽劣孩子的功力比妈妈更胜一筹。

姑姑、姑父、大伯和我们一家吃了接风宴后，大伯就回家了。我们一家也到姑姑安排的客房休息。橙子到底是一路上哭累了，早早地睡熟了。我和妈妈也终于有机会好好休息了。

第二天，姑姑、姑父带着我们一家在周围转了转。不远处穿过森林走下山坡就是著名的天体海滩沉船湾。谁知橙子竟然不敢走林间的小路，哭闹着就是不肯往前挪步，我和妈妈强拉硬拽都不行。最后，身强体壮的姑父把橙子扛在肩上，一路走下去，才算把橙子带到了海滩。站在海滩极目远望，辽阔的海面与天空连成一体，展示着我们居住的这个星球的博大胸怀。虽然这天空与大海给橙子带来了和飞机机舱完全不同的另一极端的空间感，但带来的后果却是一样的——他开始拼命地哭了。无暇欣赏这里碧海蓝天的景色和几个不畏寒冷的奔跑嬉戏的赤条条的男男女女，我又把橙子扛在肩膀上，一路上坡穿过树林出了海滩。

这时我已累得呼哧带喘的了，脑门上也见了汗，便随手脱下外套系在腰间，上身只留下短袖衬衫。这时姑父指指太阳说：“一农啊，这温哥华的太阳可毒了，紫外线充足，可别晒伤了。回头叫你姐给你找防晒霜涂上。”

“温哥华的太阳比北京的毒吗？”我问道。

“那当然。现在臭氧层被破坏，首先影响的就是高纬度地区。”

我听了心里一惊。当年我在汽车厂工作的时候，曾经调试一种给汽车加注氟利昂的设备。当时我报告领导调试用掉的氟利昂没有回收设备，领导说没钱买回收设备，你自行处理吧。于是我就只好把一罐罐调试用掉的氟利昂直接排放到空气中。当时我就自我安慰地想，反正首先破坏的是高纬度的臭氧层，离北京还远着呢。此时此刻，当我站在这逐渐失去臭氧保护的阳光中，心想这就叫报应不爽，如果我被晒出皮肤癌，一点都不冤枉。

回家的路上，橙子的情绪逐渐平静下来。他见到海鸥飞，听到海鸥叫，立刻扩展了自己的儿歌，他唱道："我爱我的海鸥，海鸥怎么叫？欧欧欧……"

这天回家的时候，橙子忽然拿出积木，摆出各种造型的房子，嘴里还念念有词："1786 1792 1808 1822 1888"我和妈妈对此百思不得其解，只好把这些造型用相机拍下来再去寻找答案。几天后我们才无意中发现，这些数字就是姑姑家和姑姑邻居家的门牌号码，而橙子搭的积木造型也和这些号码相应的建筑神似。这件事儿多少提高了橙子在姑姑、姑父眼中的形象，他们说橙子也许在哪一方面是天才，一定要好好发掘。

虽然说好在姑姑家住的这十几天里以倒时差为主，但内心焦虑的我还是在第三天就自己搭乘公车来到中侨互助会寻求找工作的帮助。一个能说普通话的叫詹妮弗的女士成为我的专案经理，她对我说"要先去一个机构做一下英语测试吧。"

我再次搭乘了公车。公车驶过几站地，就到了这个机构。我被安排到一个独立的房间测试英语听力。工作人员递给我一张试卷并把一台电视机打开后就出门了，把我一个人留在屋子里。我记得电视画面上出现一个厂房。当我再一次有意识的时候，电视画面是"THE END"了。看看试卷，我实在不好意思说我睡着了，这可恶的时差！于是想象了一下录像中的内容，再按着自己的想象在试卷上作答，觉得这样总比空着好看。出门交给工作人员后，她竟当场阅卷，我顿时觉得脸颊发热，这也太丢人了！看完答卷后，工作人员，确切地说这位皮肤黝黑的女士，拿起电话打给詹妮弗。她显然不认为我能听懂她说的英语，因此毫无顾忌。电话里说这个人的英语水平“very very low”，她毫无办法。

时差带来的疲倦使我还没精力去感觉沮丧，就坐着公车一路打着瞌睡回姑姑家了。到了家，妈妈对我说明天就去给橙子看家庭医生。我说怎么这么着急？妈妈说凡事还是要抓紧才好。妈妈着急也是有道理的，橙子必须在加拿大被诊断为自闭症，才能享受与自闭症相关的各种福利，才有可能上学。但是加拿大的医疗系统，病人不能直接去看有自闭症诊断资格的专科医生，而是必须先看家庭医生，再由家庭医生转介给自闭症专科医生。姑姑说她的家庭医生还不错。刚好第二天大伯有空，便打电话做了预约。

到黄医生诊所时，坐在候诊区的人还不少。尽管是预约好了的，却不知为什么依然在候诊室足足等了两个小时才轮到我们。在陌生的、常有医务人员出入的环境让橙子老老实实地等几乎是不可能的，哭闹、出门遛弯、拒回诊所、强行押回后再哭闹，循环几次后，北京时间已经到了深夜，没倒好时差的橙子准时睡着了，这时诊所的助理也喊了橙子的名字。

黄医生说着带着南方口音的普通话，问有什么问题？我们把来意说明。黄医生看了一眼熟睡的橙子，居然又和我们约了一个新日子再来看，他说孩子睡着了他没法判断。等下次来还要带着橙子以前的病例给他看，还要我们要花钱买一个表格。我问我们要来几次才能转专科医生？黄医生说看情况吧。和我们没说上几句，就又忙着接电话，又要去看别的病人，那忙碌的架势和国内三甲医院门诊大夫没什么两样。

我们五分钟就从黄医生诊所出来了。出师不利，每个人像是被泼了一瓢冷水，只有橙子在睡梦中露出了笑容。一行人坐上车子，前往住在温哥华东区的大伯家。我无聊地看着窗外的景色。这时到了一处繁华路段，各色招牌从眼前闪过。

“华人女西医钟美欣！”我指着窗外的一个招牌大声念出来。

“那是一个 walk in 诊所。”大伯说：“既然是华人医生，我们就去碰碰运气吧。”

walk in 诊所就是无须预约，随去随看的诊所，病人按先来后到排队就诊。钟医生是一个和善的台湾女人。轮到我们看诊时，钟医生问我们有什么可以帮忙？我们把来意说明。尽管橙子还在酣睡，钟医生相信了我们的话。她打开抽屉取出一张表格叫我们填写。我在填写表格的时候，钟医生说她认识一位很好的治疗自闭症的专家，辛普森医生，她会给我们尽量快的预约。

填写完表格后，钟医生便立刻打电话给辛普森医生。放下电话，钟医生说约定了 5 月 20 日的下午去辛普森医生的诊所，叫我们一定在这个日子的前一个星期打电话确认。最后钟医生又特别叮嘱，辛普森医生是个西人，作为英文不好的新移民，一定要带一个英语好的朋友做翻译。

从钟医生诊所出来，又是有些疑惑，似乎事情办得有些过于顺利了，会不会有什么不对？直到一年后，橙子完成了全部的诊断流程，我们才知道那天路遇钟医生的诊所是一件非常幸运的事：她不但没收填表费并以最快速度转给专科医生，而且她给橙子转的辛普森医生是大温哥华地区负责自闭症最终诊断的医生，这大大地缩短了我们的等候时间。更让我们感动的是，在 5 月 13 日那天，钟医生的助手打来电话提醒并帮我们确认了和辛普森医生的预约，否则正在忙于找工作的我，很可能早把电话确认的事儿忘到九霄云外了。

到了五月，大伯给我们在温哥华东区 62 街租的房子已经可以入住了。它位于一栋独立屋的半地下室，是有两间卧室的套房。大伯和姑姑帮我们买了一些家具摆了进去，这样我们就有了在温哥华的第一个家。经过这十几天的经历，我已经知道温哥华并不是每个地方都像姑姑家住的富人区那么豪华，这里也有老旧的公寓，也有辛苦工作的上班一族，也有街头流浪汉。温哥华东区的独立屋，占地面积普遍比较小，房子不得不肩并肩地挤在一起，门前的花草或有或无也不讲究，住宅区的路也不宽敞，路边还停满了车。但这条街还是很干净的，路边栽满了樱花树，此时正是满树粉红，春风吹过落英缤纷。花瓣覆盖在人行道上，时间长了会化成泥。一阵风后，飘飘洒洒的花瓣落地又是新的一层，化成泥之前或随风飘移，或随脚步翻滚。虽然从天堂回到人间，但我对这里还算满意。

19

第一次在加拿大打工

刚把屋子收拾好，我们就第一次在新家接待了客人——文远锋和夏娟带着他们的双胞胎宝贝来了。上次在星星宝贝见面后没多久，他们一家就回了加拿大，现在他们定居在大温哥华地区的列治文市。

“欢迎你们加入加拿大华侨的行列。”当文远峰在门口握着我的手说出这句话，我先是一愣，几秒钟后才缓过神说了声谢谢。一直在忙橙子的事儿，移民糊里糊涂的就通过了，没时间考虑自己的前途，甚至没意识到自己会和那个曾经遥远而陌生的名词“华侨”拉上关系。文远峰一家进门后，便一起就着“华侨”这个身份转变唏嘘感慨了一番。

一番客套话过后，我发现文家的双胞胎兄弟加上我们家的橙子已经开始不安分地上蹿下跳了。我连忙把从中国带来的装玩具的行李搬到卧室里，把里面的玩具一件件掏出来给孩子们玩儿。妈妈和夏娟把三个孩子带进卧室。橙子搭好了爷爷给买的小汽车轨道，打开电动小汽车开关，让小汽车在轨道上绕着圈跑，自己俯下身去，把脸贴近轨道，用眼睛瞄着，随着汽车运动的位置直至翻出轨道，他嘴里一直念念有词：“汽车过桥了，汽车钻山洞了，汽车出轨了。”文松对小汽车也感兴趣，但是他明显的有些拘束，跟在橙子后面看着汽车。妈妈找来一个玩具老虎递给文柏，他接过老虎抱在胸前，嘴里却含糊不清地说着“公鸡，公鸡。”在这之后的几年间，我又多次见到过文柏，从他的嘴里听到最多的的词就是“公鸡”。

“我们在这儿陪孩子，你去陪老文聊聊吧。”妈妈说。

我来到客厅，和文远峰闲扯了诸如中加关系或移民政策这样的国家大事后，话题很快就转到了找工作上——这才是新移民关注的要紧事。

“我们回到加拿大后，好几个月都找不到专业工作，就不得不放弃了，后来参加了一个赌场的培训后，就作了赌场的 dealer。”文远锋这样介绍他现在的工作。

“赌场的 dealer 是作什么的？”我没听明白，问道。

“对不起，忘了你是新移民。中文叫作发牌员。”

从来没去过赌场，对此感到好奇，便问：“发牌员好做吗？”

“心算好就行。我们华人的数学普遍都好，我们赌场大多数的 dealer 都是我们华人在作，这里面又有一半竟都是以前作 IT 的。”

我心里一惊，本来以为做 IT 在温哥华会好找工作，没想到也要改行做发牌员，那我这个作机械设计的岂不是更糟？

文远锋像是看出了我的心思，说：“初来乍到，就不要执着于原专业了，先找到一份工作养家糊口最重要。我们有特殊孩子的，夫妻俩只能有一个人出去工作，这份工作就更重要了。”

我点头称是，心里却愈发迷茫，看来找工作注定不是一件轻松的事儿。聊完工作，我又心不在焉地和文远锋聊了一会儿加拿大的风土人情。

文家四口在我们家待了大约两个小时，当文柏在卧室里大哭之后，夏娟和文远锋便婉拒了我们一同吃晚餐的邀请，开车回家了。

文远锋一家走后，妈妈说夏娟听说我们约了辛普森医生后，主动说要来作我们的翻译，她说一般出国两三年的移民，对于那些自闭症词汇也搞不清楚，所以大伯和姑姑都难以胜任。我说那太好了。

现在最为紧迫的事情就是找工作了。我多一天都不能再等了，于是第二天一早便又去中侨互助会，找我的案件经理詹妮弗。詹妮弗说有一个为新移民办的找工作的学习班，刚好要开课，她替我报了名。

很快我就去上了找工作的学习班。全班学员二十几个，都是中国来的新移民。老师叫托尼，操着标准的台湾国语给我们讲课。第一天他给我们讲了许多“成功案例”。我在这里加引号的原因是这些案例中都是帮助新移民找到了工作，但却无一是和能力相符的专业工作，例如医生在做护工，工程师在作油漆工，等等。托尼还一再强调，写简历的时候一定要降低自己的学历，这里的雇主不愿雇佣高学历的工人干低技术的工作，怕干不长久。

回到家，我根据在学习班的收获，修改自己的简历。硕士学位不能提了，我把学历改成大专，并编造了与之相符的车间操作维修机器设备和作绘图员的工作经历。完工后，打算在招聘网站上搜索一下，把简历发出去。妈妈说时间不早了，明天我还要继续去学习班，她叫我去睡觉，她帮我搜索，有合适的工作就替我发简历。

再去上课，我留意了一下教室外面张贴的招聘广告，有一则是当地有名的丹帝食品公司招聘食品包装机的操作工，地址位于列治文市的南端，要求有意者自行上门应聘。我觉得这份工作可能对我比较合适，便记下了地址。回家后，妈妈说今天已经替我发了三份简历。除此之外，还在一个中文网站上看到一则招聘广告，是要打电话联系的。我打开网页，上面显示招聘机械帮手一名，为期一个月，没有公司名称，没有 Email 或任何其他信息，只有一个电话号码。

“这只是找临时帮手，”我对妈妈说，“别抱希望了。”

“你打个电话问问嘛，反正华人网站登广告的都是中国人，不用担心你的英语。”妈妈显然要抓住一切机会。

我一看时间还不到下午五点，便去找房东借了电话打过去询问。接电话的是自称汤姆的男人，我说我不仅会做帮工，还搞过设计。汤姆说他把机器都设计好了，只需要会拧螺丝的帮工就好，做好了最多干一个月，做不好随时走人。我心里暗想，找体力工作，学历能力高了还真是没有用。最后汤姆告诉我他的地址是位于列治文市的五号路，想上工明天就来。

我又打了电话给你大伯，他第二天刚好有时间，可以送我去丹帝公司应聘。因为去列治文南端的丹帝公司，刚好路过五号路，于是我决定先去汤姆那里看看。按着地址找到了汤姆的厂房，却发现只是一个车库大小的车间，车间门开着，一个穿着连体工装裤的中国人正蹲在地上焊接一个直径一米多的端部有门的不锈钢罐体。电弧光让我不敢直视，于是侧着脸站在门口等。

汤姆很快意识到门口有人，收了焊机，问道："是来找工作的吗？怎么不穿工作服？"

我听了觉得可笑，我还不一定在这儿干呢，这也太着急了吧。便问："这份工作都做些什么？"

汤姆指了指不锈钢罐体上方的带法兰方形管道，说："那些都是螺栓连接的，你今天就先帮我安装好。然后再干别的。"

"这里工资多少？"我问到。

"每小时 12 块。"汤姆说。

那时候国内已经有拖欠民工工资的新闻了，考虑到在加拿大，我也就相当于一个民工了，我不得不小心一些，便问道："你这儿不会拖欠工资吧？"

汤姆苦笑了一声，说："不会，你看我像骗子吗？"

骗子也没写在脸上，教我如何判断？我对汤姆说我还有点事儿，等我办完事儿再过来。说完，就坐着大伯的车，奔丹帝公司去了。

丹帝公司就像样多了，厂房宽大干净，接待小姐金发碧眼，笑容可掬。我说明来意，递上精心创作的简历，金发小姐让我先坐在接待室的沙发上等，她打电话找车间主管。

不多时，主管驾到，竟也是中国人。他带我到包装车间参观，整个车间就是一座冷库，里面有先进的食品包装生产线。这里的机器都是不锈钢制造，在我身边的一台，正通过传送带从顶端吞入新鲜的绿叶菜，乒乒乓乓几个动作，就从底端吐出用塑料包装好的冷冻蔬菜。而操作工人只需要适时地按动相应的按钮就好。

参观完后，主管说这里操作工人时薪 11 加元，但是根据我的简历，将来有机会做维修工，时薪可以涨到 16 加元。明天就可以来上班，来了先做岗前培训。

离开从丹帝公司，我和大伯一起简单地吃了午饭。吃饭的时候，大伯听了我的描述，觉得丹帝公司更好一些，作为一个大公司也会有相应的福利，汤姆哪里只是雇临时工，应该放弃。

不过我觉得应该去汤姆那里试试。真的去了丹帝，也就真的做操作员了，幸运的话，或许将来有机会做维修机器的工作，但仅此而已。但汤姆那里，或许是个刚起步的小公司，或许是个什么神秘的高科技项目，那个不锈钢罐子，上面有方形管道，端部有门，是个什么东西？在本能的好奇心驱使下，我决定还是再去汤姆那里看看。

大伯再次把我送到五号路汤姆的车间，约好下午五点来接我后，就走了。我径直走进敞开的车库门，发现汤姆的车间里多了个年轻小伙，正和汤姆一起抬东西。

“现在真是太忙了，老板的学生都来帮忙了，这位是杰里米，UBC 的博士。”汤姆见我进门，向我介绍道，接着又把我介绍给杰里米，他还记着我的名字。

打过招呼，汤姆见我还是没穿工作服，就把他的连体工作服脱下来让我穿，吩咐我和杰里米一起把方形管道的法兰连接好。这些管道短粗，每个法兰都有十几个孔，一共要连接十几个法兰。杰里米显然没有太多动手经验，干起活笨手笨脚，也不知道螺栓螺母平垫弹簧垫的位置关系，我便一边和他合作一边讲如何放置紧固件。一旁正在安装电器的汤姆插嘴说，今天总算来了个明白人。

一个多小时后，总算把方形管道连接好，它蜿蜒着从一个电器柜侧面连通到不锈钢罐体的上方。

“这是作什么用的？”我不禁好奇地问汤姆。

“这儿的规矩是叫你干什么就干什么，别问。”汤姆一脸严肃地说。

接着，汤姆让我去按着图形切割塑料板。让我干啥就干啥，我什么也没问，就按着画好的线用刀子割。五月的温哥华地区虽然是气候宜人，但是人装在连体工作服里干活，时间长了也是大汗淋漓。这时汤姆一声令下：“走，上楼休息。”

二层是个二十几平方米的办公室，一排窗户宽大明亮，几张桌子顺着墙根码成一圈。我们各自找到椅子坐定。转换为休息状态，汤姆说话也和善了许多。他问了我来自哪里，到加拿大有多久，习惯不习惯之类对新移民的常规问候。最后问我原来做什么工作，希望在加拿大找什么样的工作。因为汤姆已经说过这是一份干好了也就一个月的临时工作 ，所以我没必要按着中侨互助会的技巧把自己说低。我的书包里装着我自己找专业工作的资料，便拿出来给汤姆看，包括我的真正的简历、几个专利证书的复印件、我做过的项目的相册。

看着相册里从农业灌溉机械汽车生产线气动元件喷码机到光机电一体化的高考阅卷机等五花八门产品，汤姆显然对我感了兴趣，他问我有没有设计过注塑零件。刚好我在聚鑫公司工作时，为当时的一种语音卡设计过塑料外壳。

这时杰里米也聊起了他以前做的项目，他曾参与给一家电信公司设计线圈的缠绕设备，但是他们始终解决不了线圈的松紧度问题。他们已经用了最好的伺服马达用来做线圈缠绕和原料放置，最好的传感器检测两边线圈的直径变化和速度，但是始终无法良好匹配。

这时我心里窃喜，庆幸遇到了一个我可以忽悠的话题。在几年前，我曾经见过一种缠绕动力锂电池的薄膜的设备并出于好奇仔细地研究了它的原理。这种设备采用了商业化的张力控制机构可以解决缠绕松紧的问题。但今天我一定要说得讲究一点，尽量拔高我的形象，第六感对我说或许有好的机会。我是这样说的：

“解决这个问题，应该找到和线圈缠绕质量最直接的决定性的物理量进行检测和控制，缠绕的质量虽然和缠绕和释放的速度相关，但这不是决定性的物理量。”说到这里，我停顿了一下，杰里米忍不住问道：

“什么是决定性的物理量呢？”

“张力。”我说完片刻，另两位都作恍然大悟状。接着我把张力控制的原理向他们描述了一遍。此时我感觉到汤姆看我的目光已经变得不同了。说完张力控制，汤姆又兴致勃勃地和我讨论了几种不同种类的机械部件原理。

聊了好一会儿，我心里正想是不是该去干活了？汤姆这时却忽然对我说：“有机会的话，我们合作吧。”

我一时没转过神，说：“不是说我干得好才能干一个月吗？”

“那是做帮工。合作是要你帮我设计机器。”

“昨天打电话，你还说不需要设计。”

“唉，遇到几次国内来的技术移民，还是高级工程师什么的，没一个真正懂行的。我是学控制的，这才不得不自己亲自作机械设计。”汤姆诉苦说。

三个人开始有一见如故的感觉了，聊得更是火热。不知不觉，聊到了六点钟，汤姆招呼着说该下班了。下班前给我记下了五个小时的工作时间。

“你看，你已经在加拿大挣到的第一份工资，60 加元。”汤姆笑着说。

大伯的车已经在门外等了良久。回家的路上，大伯说今天电话公司派人来我家把电话线路装好了。于是当我们路过一家电器商场时，我进去买了一台电话机。

吃完晚饭，我打开电脑，用 MSN 给远在北京的爷爷奶奶拨号。那时候奶奶家里没有摄像头，因此只能音频通话。拨通后，网络的另一端传来的是爷爷的声音。知道我刚刚找到了工作，爷爷很高兴，问我工作累不累。我说不累，而且还有机会做设计工作。

“那就好，”爷爷说，“这几天我可累坏了，都觉着缓不过来了。”

我问怎么回事儿？爷爷说：“你们都走了，我想把房子收拾一下。昨天把我那些书打包，收拾出四十多箱。我真是老了，这点活把我累得够呛。古人说汗牛充栋，我今天就是头老牛，累了，该歇歇了。”之后爷爷就没再说话。我喊了两声也没听到爷爷回应，我想爷爷应该是去休息了，于是我就在 MSN 信息栏里写上我家新装的电话号码，把电脑关机，睡觉去了。毕竟工作累了，我很快就睡熟了。

第二天凌晨，我睡得正香，妈妈忽然推醒我，在我耳边说：“我怎么看到橙子爷爷站在卧室门口向屋子里看？”我说别胡说八道，说着起身拉开灯，走到卧室门口伸头左探右探，“什么都没有。”妈妈嘴里嘟囔着：“这幻觉怎么像真的一样？”

回到床上躺下不一会儿，忽然急促的敲门声响了起来，你大伯在门外喊，“快开门，是我。”

打开门，大伯一头撞进来，额头已经皱成一团乱麻：“刚才妈妈打来电话，说医生正在抢救爸爸呢。电话后来断了，我手机拨不了长途，你快点给家里打个电话。”

我一听也慌了神，急急忙忙冲向电话。就在我的手触摸到电话的一瞬间，电话铃响了。是奶奶从北京打来的，她哭着说你的爷爷突发心梗，已经去世了。

我在加拿大接到的第一个电话，是一个惊天噩耗。

20

奔丧

大伯号啕大哭。我完全懵了，一时间不知所措，只能是哽咽着说：“我这就回家。”撂了电话，我让妈妈马上给你的大姨打电话，叫她火速到奶奶那里帮忙。

一屋子人哭了好一会儿。妈妈匆忙准备了早餐，我和大伯草草地吃了几口，就出门买机票去了。几经周折，我们才在一家旅行社买到了当天的机票。已经没有直航机票了，我们买到的是东方航空经由上海转北京的机票。

中午姑姑开车来接我和大伯到机场，走的时候橙子还不知道发生了什么，他一定奇怪今天为什么不让他坐姑姑的车？车越走越远，看着妈妈和橙子越来越小的身影逐渐融入温哥华春色之中，鼻子眼睛开始胀得发酸——还没来得及去想会分离多久，妈妈甚至还分不清东南西北，我就这样把母子二人孤零零地留在了才登陆一个月位于地球的另一端的温哥华。

紧赶慢赶，起飞前十几分钟大伯和我终于登上了飞机。我们兄弟二人坐在空中客车 A330 的最后一排，紧挨着飞机的厕所。十一个小时的飞行，是我们兄弟二人难得的独处时间。我们聊了很多，除了关于爷爷，还聊了我在加拿大的发展。我当时说能想到最好的结果也许就是学一门技能，比如开数控机床，可以挣到每小时 20 加元以上。大伯说卖保险做房地产经纪其实也不错。伴随着飞机厕所每隔几分钟一次的马桶冲水声和若有若无的五谷轮回的气味，飞机终于精疲力竭地飞到了上海。

转机北京再赶到家的时候已经是夜里 11 点了。一个月未见，奶奶变得苍老了许多，眼睛哭得红肿，原本花白的头发几乎已经是全白。

“我早点回家就好了，”奶奶哭着说那天发生的事儿，“我买完菜，遇到老同事，就一起聊天，回家就看到你爸爸倒在这里……”

说着，说着已是泣不成声。过了一会儿，又接着自责地说：“我要是买完菜直接回家，或许还来得及。”

“也有我的错，”我说，“我和爸爸当时还在通话，后来爸爸不说话了，或许我应该打个电话。”

说话的时候，我看到电脑还开着，屏幕上 MSN 窗口显示着：“对方挂断，通话结束，通话时间 5 分 41 秒。”之后，是我留下的电话号码。

奶奶说，多亏大姨过来帮忙，帮她度过了最艰难的一天。现在爷爷的遗体已经送到东方医院的太平间，让我们先休息，明天再去看爷爷。

临睡前，奶奶对我和大伯说：“擦干眼泪再睡吧，哭着睡着了对眼睛不好。”

我却流了一夜眼泪。不过我倒不担心自己的眼睛，因为这一夜我根本就没有睡着。

第二天一早，奶奶准备了早餐，里面有热过的剩菜——干煎平鱼，这是爷爷的拿手菜。吃着熟悉的饭菜，想着做这道菜的爷爷却已阴阳两隔，难免再次泪流两行。

三天后，爷爷的遗体在八宝山火化，当天就安葬到了顺义的潮白陵园。

那天我看着爷爷的一尺长的骨灰盒，忽然有一种莫名的恐惧——爷爷的人生终点到来得如此突然，它完全出人意料，甚至连一个招呼都不打。爷爷离开时只有六十九岁，用你姑奶奶的话说，爷爷没活到七十岁，太可惜了。但爷爷曾经和我说，老曹家的男人在过去甚至很难活过四十岁。曹氏家族有传统的心脏病史，男性寿命都不长。好处是离开的突然，受罪时间短。坏处是离开的突然，不好交代后事，家人完全没有准备。爷爷去世的时候，我和大伯都已成家立业，爷爷大概也可以放心了。但是我要是突然离开，妈妈和橙子可怎么办？橙子终生需要人照顾，如果只有一个亲人陪伴他的话，生活会过分地艰难，所以我千万不能过早地死去，我要活得尽可能长久，更长时间地照顾橙子。后来我回到加拿大就立刻找家庭医生要求做心脏检查，但是家庭医生却以我还不到四十岁拒绝了，她不想滥用加拿大的医疗福利。终于我幸运地活过了四十岁后，我又去找家庭医生，这次她没了借口。心电图，运动监测，超声心动，向心脏灌注放射性物质后扫描（MIBI SCAN），各种检查陆陆续续过了半年多才做完，最后心脏专科医生说我的心脏百分之百的健康。对于这个结果，我高兴之余竟有一点点失落——最近几年时常感到身心疲惫，我曾经以为这也许是因为我的心脏出了问题，如果把它治愈了，我一定会有好得多的精力。现在我的心脏完全健康的结果说明我不能靠付出吃点药或做个手术的代价把自己变得精力旺盛。但毕竟过了四十岁，二十多岁熬夜加班赶工睡一觉就恢复过来的事儿不复存在了。就像我给你写这封啰哩啰唆的信，到现在写了许久了，却还没写完。虽然有时候想抓紧把它尽早写完，但就是力不从心，即使我的胸腔里装备了一只顶级的两房两室两套瓣膜完全独立双循环在地球生物界顶级配置的健康心脏，也无济于事。

这期间妈妈从温哥华打来电话，说她给汤姆打电话替我请假了，汤姆说第一天工资一共60加元，要她去取。我说不要去取工资，等我回去再去取。我想这样无论如何，将来会有一次再和汤姆见面的机会，说不定还有工作机会。

料理完爷爷的后事，大伯先回温哥华了。我看奶奶面容憔悴，决定多陪她一段时间，便把机票的回程时间改为十一月，这样我可以在中国待上半年。

几天后，妈妈从温哥华给我打电话，讲述了带橙子看辛普森医生的经历。那天一早，夏娟就陪着妈妈和橙子去见了辛普森医生。辛普森医生是个瘦削的中年男医生，因为橙子，我们家后来一直在和他打交道，也许今后还会继续下去。总的来说他是个和蔼可亲的人。然而他第一次见到橙子的时候，却板着脸对妈妈说，你们这些新移民，就是为了白吃加拿大的福利，才带着自闭症的孩子来加拿大的。这话听起来刺耳，但作为加拿大的纳税人，辛普森医生这么想也无可厚非。好在夏娟了解我家的情况，立刻告诉他我们家是在橙子出生前两年，就申请了移民的。听了这样的解释之后，辛普森医生的脸色似乎有些好转。但妈妈却有些被辛普森医生的开场白吓到了，她开始担心会不会被辛普森医生刁难。好在辛普森医生是典型的直来直去的性格，该看病的时候就认真看病。他仔细观察了橙子的表现，又预约了尽可能早的复查的时间，他说会尽快完成诊断流程，好让橙子赶在九月份顺利进入小学的 Kindergarten（学前班）。

我要在北京陪奶奶半年，我可不能就这么在家闲待着，家里的积蓄可支撑不了多久。于是我给工业大学的马老师打了电话，告知我回国的原因。马老师先是说了节哀顺变一类的话，然后不等我开口，便说："料理完后事来工业大学坐坐吧，看看我们的项目是不是可以继续了。"

到工业大学后得知，国内一家叫锐气的汽车公司，正在筹建汽车制动助力器的生产线，已经开始招标了。马老师和锐气公司汽车制动助力器分厂筹建组的一个工程师相熟，因此觉得心里有些底，想和我尽快去一趟。

"这是个几百万的大项目，"马老师用充满诱惑的眼神看着我说，"我们一共三个人来做，利润还是每人三分之一，你意下如何。"

我说："中。"

于是我和马老师，还有曾经经营过助力器工厂的张老师组成了项目组，立刻马不停蹄地开赴锐气汽车所在的安徽芜湖市。

在工厂会议室，马老师的熟人王工和我们寒暄了几句后，锐气公司负责接待工作的胡主任走过来给我们介绍锐气公司。他指着墙上的照片说："这张照片就是我们助力器项目的负责人，锐气研究院的副院长唐吉克回国的时候，受到总理接见的照片。总理称赞我们唐总是当代的钱学森。"

后来我知道，这个唐总原来在底特律干过，他了解到德国的一种双连杆助力器的专利就要过期了，于是就筹备工厂，准备上马双连杆助力器。这样的经历就被称作当代钱学森，让我一时搞不清到底是唐总忽悠的功夫实在了得还是钱学森其实也不过如此。

有这么不靠谱的负责人，后面的事情就再也没踏实过。我们给锐气做了四轮标书，每一轮做完，锐气公司的王工就会把别人的设计优点告诉我们，要我们下一轮改进。每一轮过后，总会淘汰一两家竞标单位。四轮过后，我们才知道，其实王工会把各个竞标单位的设计优点告诉每一家竞标单位。这时候，所剩的四家的设计方案都完全一样了，这时候就开始了压价环节，他们只想要最便宜的。

这么不诚信的单位，今后还不知会出什么幺蛾子呢。我们三人经过商量，一致同意退出这次竞标。好在那时候中国处于汽车工业快速发展的阶段，我们又开始联系别家助力器制造厂。

在这一时期，几乎每天在我的午饭之后，也正是温哥华时间晚上十点左右橙子睡着了之后，妈妈都会给我打电话，讲述在温哥华的遭遇。

由此我知道了妈妈带着橙子又去辛普森医生那里复诊了，他已经给开出了自闭症的诊断书。有了这个专科医生的诊断书，橙子到九月份就可以去上学了。学校会安排一个陪读老师一对一地陪着橙子。

妈妈没有对辛普森医生说橙子做螯合的事儿。辛普森医生认为橙子现在的状态得益于大量的ABA训练，为了使我们能够有钱及时地请到ABA家庭教师，他想帮我们尽快完成儿童医院的自闭症诊断，因为在得到专科医生的自闭症诊断后，还必须得到儿童医院的自闭症诊断书，六岁以下的自闭症儿童的家庭才会得到每年两万加币的资助，用来请专业人员训练孩子。

但是由于排队的病童太多，橙子几乎是在半年后才得到儿童医院的诊断。但不管怎么样，对此结果，我们已经很知足了。

夏娟介绍了一家位于列治文南端的高压氧治疗中心。于是妈妈就带着橙子每天坐两个多小时的车，从温哥华到列治文吸高压氧。很难说那段时间高压氧对橙子有什么显著的效果，但是妈妈却由于每天的来回穿梭，了解熟悉并爱上了列治文这个城市，这相当于为我们家后来搬到列治文，这座你出生的城市，做了充分的准备。

我和马老师张老师继续寻找助力器生产线的客户。陆续地，北到沈阳长春南到江苏浙江，谈了几家厂，但都没个准信。好在最后从浙江的泰雅公司传来好消息。这家公司和马老师关系最好，他们使用了多台马老师和张老师开发的实验设备，可以说是老关系户了。泰雅公司准备在北京开一家工厂，要做三条生产线生产三种产品。这是个大买卖，我们都很上心，前后跑了几趟。可最后，泰雅公司说还是要走招标的手续。我一听，心里就凉了半截，怕重蹈锐气公司的覆辙。这时候已经是十一月份了，我的机票半年回程期已到，我不得不回温哥华了。走之前，和马老师约好只要和泰雅签了合同，我就立刻回北京。

在和奶奶说合同的事儿的时候，我表现得信心十足。我说温哥华我去去就回，请她放心。因为买的是东方航空到上海转机温哥华的机票，早晨早早地就要起床，没有让奶奶送我，自己打了出租车就走了。

21

分分合合的日子

十一月份的温哥华已经是阴雨绵绵。半年，是我们这个家庭组成以来分离的最长时间。我曾经多次梦到我和橙子和妈妈重逢时激动的场景，但这一刻到来时，却比想象的平静得多。我走进家门，橙子看到我兴奋地蹦跳一阵后，就自己玩儿玩具去了。妈妈正在厨房忙着给我做饭，她心里高兴，却不让我看出来，还一个劲地揶揄我说："北京不是机会好吗？你怎么半年一分钱也没挣到？还不如留在温哥华，或许有机会，前些天还有一个叫迈克尔的打电话，问你愿不愿意去做门窗设计。"

我一屁股沉入沙发里，躺下把两只脚搭到茶几上，打着哈气对妈妈说，我们还要有耐心，再等等看，也许合同就快签下来了。但妈妈觉得在温哥华找个工作也不错，她不希望我再回北京了，她说分离的滋味太苦了。"我要一个人背着双肩背包带着橙子走几站地去买菜，每次累的腰都要断了。咱家橙子到了超市就乱跑，有一次他差点就丢了，我找不到他了，我在超市急呀，哭呀，后来找到超市后门的马路才看到橙子。"说着，妈妈就真的哭起来了。

为了安抚妈妈，我走过去搂着她，拍着她的后背，帮她擦眼泪。我说这就开始在温哥华找工作，找到好工作，就不回北京了。拥抱的时候我感觉妈妈腰身粗壮了许多。后来才知道，妈妈一个人带着橙子，心情抑郁，只好靠吃大桶冰激凌来宽心。心到底宽多少不知道，体胖倒是成效显著。

吃饭的时候，妈妈说起橙子上学的事儿。学校就在街角，走路五分钟就到。学校和温哥华所有的小学一样，有漂亮的平房，碧绿的草地，五颜六色五花八门的游乐场。温哥华这个街区华人很少，在橙子的班上，他是唯一的华人学生，也是唯一的特殊学生。不知道是不是这个因素，妈妈总感觉橙子的胖胖的班主任，德裔的老太太在骨子里并不友善，只不过她的职责所在，必须履行作为橙子老师的责任。

毫无疑问，橙子长高了些，也变得更漂亮了。妈妈给橙子照了一些背着书包，摆了 pose 的照片挂在墙上，甚至有些小明星的味道。他背着书包，就是一个地地道道的小学生，和学校里任何一个小学生看起来都没区别。

这时候橙子玩具玩儿腻了，开始玩儿电脑。我惊奇地发现橙子竟然在用 Google 搜索游戏，在众多的游戏之中，他选择了推箱子。我用探寻的眼光看了妈妈，还没等我张口，妈妈就说："不是我教的，我都不知道他怎么就会了。"

我在一旁全神贯注地旁观。橙子每玩儿新的一关，只尝试两三次，便可以轻松找到正确途径。在后来的几天里我自己把后面橙子还没玩儿的关先玩儿通关了，再观察橙子，最后发现他通关的速度和我不相上下。作为对照，我也请妈妈来玩儿，她过关要花上大概三倍的时间。橙子也测过智商，还不到 80，但是在某些时候，他又会有不可思议的表现。多年后，我逐渐认识到橙子对于有着简单的规则的事，往往难度高也可以完成；但是如果规则复杂，特别是涉及人情世故，即使很低难度的事情也无法完成。

我按着妈妈给的电话，联系到了迈克尔，约好了面试的时间。见到迈克尔后，他先说他了解我的情况，知道我是机械专业大专毕业。一时间我没有想起我按照中侨互助会传授的秘籍写过简历的事儿，感觉一头的雾水，便跟迈克尔说你一定是搞错了，一边说一边把真实的简历和所做过项目的资料和照片递给了他。迈克尔看了我真实的简历，反而更高兴了。他说除了门窗设计制图的工作，他这里还有一些真正的机械工程师要做的工作。最后，他测试了一下我的计算机制图的能力，便决定录用我了。就这样我就开始在迈克尔的公司工作了。

虽然说好的是做制图的工作，但我一去上班，迈克尔却以车间缺人为由，叫我到车间干一段铝合金门窗的制造工作，每日里做的就是切割铝合金型材、打孔以及装配门窗。有的时候施工队缺人，我还会到施工现场帮助安装门窗。虽然很辛苦，但事实上我非常喜欢到施工现场工作，这时我可以站在建筑物的脚手架上或者是屋顶上，欣赏着温哥华的景色，呼吸着新鲜的空气，享受着把身体里的能量尽情地释放的感觉。当然，迈克尔对此另有解释。他说这样安排是为了我将来能够更好地完成门窗设计的工作——了解车间和施工现场的工作对门窗设计来说是十分必要的。

和大多数的华人公司一样，迈克尔给的工资比较低，仅仅是比政府规定的最低时薪多一两块而已。即使开始做设计的工作，时薪也不过再涨个一两块。拿这样低的工资在温哥华生活是很艰难的。不过当时我对此并不在意。我还在等着工业大学马老师的消息，无论如何迈克尔这里的工作并非长远之计。

从马老师那里传来合同已经签订的胜利的消息的时候，已经是2008年的元月了。我编了一个理由，对迈克尔说我必须回北京陪伴我的母亲一段时间，要请一个长假。眼看着就要过春节了，我想在温哥华的妈妈和橙子与在北京的奶奶应该都希望我在春节的时候能够陪在身边，我想把自己分成两半分别陪伴着位于地球两端的亲人们。显然我无法做到在空间上把自己分成两半，于是我选择了时间上把自己分成两半。我定了大年三十飞往北京的机票。但事实上这是一个愚蠢的决定。因为自西向东飞越国际日期变更线要丢失一天的时间，而丢失的这一天正是从大年三十到大年初这一段过年的时间，这一年我没有能够陪伴我的任何一个亲人过年。

回到北京后，马老师和张老师向我讲述了合同签订的经历。因为生产线将建在北京，和马老师又有长期的合作关系，所以泰雅公司早早就内定了把这个项目给马老师做，所谓的招标的程序只是走一个过场。终于这一次轮到我们成为招标暗箱操作的受益人。

但真正开始干了，才发现要完成这个生产线真的不容易。在之前的投标过程中，我曾经用三维设计软件给生产线做出来栩栩如生的三维模型，使得我们的客户以为我们有这方面丰富的经验。但事实上我们是真正的从零开始。而且由于招投标过程比较模糊，造成我们对困难估计不足。等泰雅公司把要生产的产品拿过来，我们才发现难度超过了我们之前的预计。所以之后的工作可以用夜以继日和全力以赴来形容了。随着时间的推移，设计陆续地完成。为了降低成本，零件图纸都被发送到河北的一些小工厂去加工制造。制造完毕之后，这些工厂再把零件送到工业大学。这时候我们就可以装配调试，效果不理想的时候还要修改设计重新制造。

这段时间妈妈依旧是定时打来电话。但是随着时间的推移，我明显地感觉到她的情绪在变化。开始只是向我发发牢骚，后来情绪逐渐低落，甚至有的时候绝望。我猜测这一定和橙子的状态变差有关。有一次妈妈甚至说很想带着橙子从高楼跳下去，地点已经选好，就在列治文公众市场的停车楼楼顶。跳下去一切问题就都解决了，也不给我留下累赘，我可以在北京安心工作了。

她说完，我当然更不安心了。好说歹说，答应比原计划提前一个月回温哥华，把半年往返的机票改签为五个月，才算安抚好。

这一年的春夏之交，全北京都沉浸在喜迎奥运会的欢乐氛围之中。然而在工业大学的某个角落里，却坐着三个愁眉苦脸的人。为了保证北京奥运会期间的空气质量，河北的许多工业企业都被断电停产，以减少污染物的排放。给我们加工零件的工厂也停产了，而合同规定的交货日期却日益临近。

好在泰雅公司还算通情达理，答应宽限我们的交货日期。马老师和张老师则希望我能晚些回加拿大，把项目做完。但和妈妈说的时候，她却决不答应，她告诉我一个秘密，她的乳房里面已经长了肿块，乳房的外侧长了橘皮组织，就等我回加拿大后去做 x 光检查。我马上在网上搜索了一下，结果着实吓了我一跳，乳房外表长橘皮组织是乳腺癌晚期的症状！

直到最终得到检查结果之前，我都是在惶惶不安中度过。我是在六月底离开北京的，当时没有和马老师张老师说明妈妈疑似乳腺癌的事儿，因此他们对于我的离开有些不满。虽然大多数的零件已经加工完毕，整条生产线已经像模像样地躺在工业大学的实验工厂里了，但最后的试生产，调试也是至关重要的。生活本来就是充满无奈。后来泰雅公司只购买了最大的一条生产线。这里有泰雅公司调整产品结构的因素，但毕竟我们的延误，为他们找到了借口。不过最终，虽然远远小于预期，这个项目还是赚了一点利润，马老师和张总也按照了最初的约定，把其中的三分之一给了我。

这一次离开北京，奶奶执意要送我到机场。那时候为了迎接奥运会而兴建的首都国际机场 T3 航站楼刚刚启用。在这座陌生而巨大的建筑物中，在转运列车站台的入口，我向奶奶挥手告别。当我站在站台等车的时候，一个老者走过来对我说当我一转身离开，奶奶就哭了。忍住心酸，我对老者说谢谢他告诉我。

十几个小时后，我就降落在温哥华了。一进家门儿，我差点没有认出来，妈妈又胖了一圈，毫无疑问，又是冰激凌的功劳。我急火火地问她什么时候去做乳房检查。妈妈说急什么，已经预约了，还要一个星期以后。迈克尔几天前刚刚打电话过来叫你马上去上班，你还是去上班挣钱吧，家里现在真的快揭不开锅了。正在说话间，迈克尔就打电话过来，叫我明天就去上班。我说不行啊总得给我几天倒倒时差吧。但迈克尔竟然用哀求的口吻说："现在真是太忙了，求你过来给我帮个忙吧。用来画图的电脑我都给你准备好了，工资给你涨到每小时 12 加元。"我一时莫不开面子，就答应了。

那段时间，由于热爱购买房产的华人移民大量涌入，温哥华房地产十分红火，迈克尔的门窗生意多得做不完。我帮他完成一些紧急的门窗设计后，又开始帮他设计门窗用的铝合金型材。虽然工资不高，但有个工作心里就有底了。毕竟，分分合合的日子结束了，在加拿大的定居生活开始了。

22

精神依靠

亲爱的女儿，看到这里，我相信你最关心的就是妈妈的体检结果。这在当时也是我最关心的事情。好在最后结果还不错，妈妈只是得了乳腺增生。至于她乳房上方的橘皮组织，据我们事后分析，是由于她变胖后，脂肪堆积造成的挤压的效果。

妈妈的身体没问题，一家人的重心自然就回到了橙子的身上。此时橙子已经得到儿童医院的确诊，他还没有满六岁，因此有政府每年 2 万加元的教育补助金。妈妈用这些钱为橙子聘请了自闭症行为顾问米奇，她是一个台湾女人，能够说国语，因此可以和妈妈方便地沟通。妈妈还聘请了一个香港女孩儿萨丽来做橙子的行为训练师。她很能干的，橙子的训练课上得非常不错。她也乐于助人，有的时候会开车带着妈妈和橙子去办事，或者在妈妈和政府医院打交道的时候帮忙做翻译。那时妈妈刚刚起了英文名字叫丽萨。从中国刚刚到加拿大，我忽然掉到英语环境中一时不适应，经常犯糊涂妈妈和橙子的训练师到底哪个是丽萨哪个是萨丽。

我感到非常奇怪地问妈妈，怎么就这么顺利地找到合适的行为顾问和行为训练师？妈妈说这多亏了雨果。我问雨果是谁？妈妈说雨果是从文远峰那里打听到的一个自闭症互助组织的创始人兼义工，妈妈需要帮助的时候就打电话给他，他可以帮妈妈找到行为顾问，介绍行为训练师，并帮助解答有关利用政府资源的问题。雨果真的帮了我们家太多太多，妈妈说，他可真是一个好人。

萨丽给橙子上的训练课，我看了两次，她投入的热情很高，能够带动并控制橙子，能够吸引他的注意力，上课的效果都还不错。她用的也是标准的 ABA 回合式训练，虽然她会说中文，但在给橙子上课的时候则完全用英语，这样也帮助橙子提高英语能力，尽快地融入英语的语言环境。

重新和儿子生活在一起，我也开始关注儿子的教育。儿子在使用电脑和玩儿游戏的方面有了进一步的提高，他已经会在电脑上搜索各种自己喜欢的游戏和视频，几乎只要他想找，就一定能使用正确的关键词搜索到想要的内容。而那些不同类型的逻辑思维型的小游戏，则几乎都被他打到通关。这时候我想也许橙子在哪一方面会是天才吧，我应该想办法尽力找到他天才的一面，好好培养，以便将来能够找得到可以养家糊口的工作。于是我开始尝试教他数学，据说这也是某些自闭症天才能够施展天赋的领域。

我先教橙子背了乘法口诀表，但是我却无从知道他能不能够理解乘法的含义，因为一旦涉及把几个碗里有几个鸡蛋和乘法口诀表里几乘几做关联时，他就会显得一脸茫然，无所适从。他已经会做十以内的加法，我就继续教他到 20 以内。还不错几次课下来他就能够完成 20 以内的加减法。这一天我突然心血来潮，问他：

“橙子 50 加 50 等于多少？”

他对我说：“100。”

“那 400 加 600 呢？”我继续问。

“1000。”橙子，丝毫没有犹豫地说。

“那 3000 加 7000 呢？”我有种得寸进尺甚至乘胜追击的感觉，于是继续问。

“1 万。”橙子依然是不加思索地回答。我对橙子的表现震惊了，把他抱起来亲了又亲，用我的胡子茬一边扎他一边高兴地嚷嚷：“臭小子你太棒了！”橙子半推半就地躲闪着我的胡子茬，咧着嘴笑。

然而当我开始尝试教他做应用题时，我就又被泼冷水了。橙子无法把那些图片上的小人儿苹果或者汽车和数字之间作联系。单纯的数字运算到了乘除法之后也变得相当的吃力。一段时间后我意识到他在数学方面有所建树是不可能的了。橙子到底在哪方面能力能够取得发展并在将来能够从事相关职业呢？这是我在他五岁多的时候就开始苦苦思索的问题。

除去对环境适应的问题，这个阶段橙子的情绪还是非常不错的，他每天都开开心心地玩耍，会玩儿的花样也逐渐地多了。比如说他非常喜欢电梯，但是这时候我们家租住的是独立屋地下室，没有电梯，他就开始在网络上找电梯的图片和视频来看。他还会把他的玩具放在一个纸盒子里，用手托着，上上下下，嘴里还念念有词地说，“电梯到一层了，电梯到二层了，电梯到地下室了”，或者干脆站到椅子上将纸箱子高高地举过头顶，说电梯到楼顶了。

自从我的骶骨痛被螯合疗法治好了之后，我就开始越来越多地让橙子骑在我的脖子上玩儿，弥补我过去因病很少能让他骑着我脖子玩儿的损失。当橙子骑在我的脖子上的时候，他发明的一种把我变成电梯的玩儿法。当他说要去地下室，我就蹲下了来；当他说要到一层，二层，三层的时候我就逐渐站直；当他说我要到楼顶的停车场，我就一步跨到椅子上，并把他高高地举起。此时橙子往往被逗的嘎嘎大笑。当然，此时我也十分的开心。

当我想到我一到加拿大就有了一份儿工作；妈妈的身体检查结果也排除了重病的可能；妈妈的情绪也不像在催我回加拿大的时候那么低落；橙子的诊断福利金、学校行为顾问训练师也逐一落实，我就感觉到我们家好事连连了。于是对妈妈说，这段时间我们家好像运气不错，事情都比我们想象的要顺利些。妈妈却说我们家的运气不错，是因为有主在保守我们，要感谢主！我说是不是应该感谢雨果、文远峰夫妇和辛普森大夫？妈妈说当然，但他们都是主耶稣基督派来帮助我们的。

原来在我这一次回到加拿大的前一个月，有朋友带着妈妈去教会了。教会的朋友也开始为我们家祷告。妈妈说是这些朋友的祷告感动了主，于是主开始为我们家的事情做工。虽然我不相信有神存在，但我相信，如果一个人有信仰的话，那么这个人确实有可能因为有了精神依靠而得到内心的平安，所以从一开始我就支持妈妈去信教。妈妈说初信的人祷告会特别的灵验，于是她开始在家里祷告。虽然我不信，但是每次妈妈祷告完之后，我都会非常配合地说："阿门。"妈妈也想让我信基督教，便对我说，如果我和牧师做一个祷告，那么将来我和她一起祷告的话就会愈加的灵验。为了让妈妈安心，也没细问，我就答应了。

祷告是在妈妈的一个叫李颖的朋友家里做的。来自香港的王牧师面相祥和。看起来一切都安排好了。牧师握着我的手对我说："我说一句你就跟着说一句。"我点头答应。牧师开始一句一句地跟我说祷告词，我跟着他一句一句地重复，直至结束。

亲爱的女儿，当你长大的时候，你应该知道，爸爸是一个多么彻底的无神论者，我不相信这世界上有神，有鬼，有灵魂，有天堂地狱，甚至爸爸不相信有一切超越自然的力量，甚至包括气功和特异功能。所以你可以想象，当牧师握着我的手给我做决志祷告的时候，我的内心是多么的煎熬。但是妈妈已经和我说这个牧师是专门为我而来，妈妈的好朋友李颖更是把这当作一件庄严而神圣的仪式而作准备，我实在不好做出驳大家面子的事儿。就这样，决志祷告之后，从技术角度上来说，爸爸成了个基督徒。

后来我们家搬到列志文，妈妈曾经安排我到教会的查经班学习，虽然不情愿，但我也没有拒绝。当时我的想法是，我如果坚持在教会待着，也许真的就被他们洗脑了。如果我真的信了基督教，有个精神依靠，也没有什么不好，遇到任何烦心事，想到都有一个世间最大且无所不能的神替你撑腰， 心里自然就舒坦了。 甚至还不用担心死亡，死了也是进天堂，那么这人世间的苦难，还有什么可怕呢？

然而半年之后，我终于忍无可忍退地出了查经班。我和教会里许多人都成了朋友，他们一个个平安喜乐，乐于助人，我和他们相处融洽，并不会对他们忍无可忍。我无法忍受的是内心的煎熬。虽然参加了各色的布道会，甚至有科学家出身的基督徒，来开布道会讲这个世界是由上帝创造的，但我依然无法相信。我头脑里根深蒂固地认为这个世界是由若干自然规律支配发展的，人类是进化而来的，我无法改变。对于相信基督教来说，相信有神，是一个最根本的基础，我连这个都做不到，更进一步地发展自然就无从谈起。在那个时期，那个由古猿、猴子甚至是微生物进化而来的我，在和上帝设计出来的我激烈地斗争着。虽然由上帝设计出来的我出身高贵且听起来很体面，但最终他被由猴子进化出来的我打败了，他离开了我。我退出了查经班。妈妈说我是厕所里的石头，顽固不化。妈妈的逻辑是，某某是清华大学毕业的，不比你聪明？某某是大公司老板，不比你能干？某某是生物科学家，不比你懂得多？他们都信基督你凭什么就信进化论不信基督呢？我说我承认他们个个都比我强，但信仰的事儿要遵从我的内心，我也毫无办法。无奈最后妈妈接受了老基督徒的说法：每个人信基督都有他自己的时间，要有耐心慢慢等待。虽然我知道这个时间必然是遥遥无期，但这对于我也并不是什么难题。进化论的创立者达尔文都能和他虔诚的基督教徒妻子相亲相爱，更何况是我呢。

所以虽然现在每周我都会开车送全家到教堂，但我只是一个司机和保姆而已。尽管偶尔我也进入正在开布道会的大堂，但我不是去听布道，而是实在找不到地方休息了，只好坐在大堂后面的椅子上歇歇。十有八九，几分钟之后，我就会甜甜地进入梦乡。

23 搬家列治文

从一开始我就没有打算在迈克尔的门窗厂长期工作。其原因有二：第一，如果我的工作只是设计门窗的话，对我作为机械工程师的专业发展没有什么好处；第二，也是更重要的，华人老板给的工资都非常的低。虽然看起来公司的生意非常红火，但这红火的根源，是在这里工作的新移民，都拿着很低得薪水。在工程投标的时候，迈克尔就往往可以给出比其他公司低得多的报价，这样中标的概率就会大大地增加，他的生意就源源不断了。我们家只有我一个人能够工作，拿这样的薪水是不足以养家的。于是我决定再找一份工作。

我第一个想到的就是到汤姆那里去碰碰运气。汤姆的车库工厂距离迈克尔的门窗厂只有两站地远。我以去取我的60加元工资为由和汤姆约好了时间见面。

我和汤姆见面后寒暄了几句，汤姆把60加元的支票给了我，之后他说他要去蓝莓农场调试机器，问我是否愿意同往。我同意了。

蓝莓农场有一个巨大的厂房，厂房的一端是冷库，其他地方摆放着各种不同的食品机械，有风干机，酿酒罐，包装机等。一年前我在汤姆的工厂见过的那个不锈钢罐体已经装配好了两侧的门和各种杂七杂八的配件儿，亮晶晶的靠着墙边儿躺着。这时候汤姆告诉我这个机器是用微波在真空腔体内来干燥蓝莓用的，现在它还是手动操作，公司打算为这个真空微波炉配上自动传送设备，实现蓝莓的连续干燥，成为一台自动化的设备。“你愿意做这个自动传送设备的设计工作吗？”汤姆问我，“我知道你刚刚找到了一个全职工作，我这里现在还不能给你提供全职的职位。如果你来做的话，只能用业余时间。”我想好歹也是个机会，就同意了。

于是在接下来的日子里，我每天都到迈克尔那里上班，下班后，再到汤姆的车间讨论设计方案。回家后，再用三维制图软件把方案具体设计出来。迈克尔是个用人狂，每天工作都排得满满的，汤姆是个工作狂，每天都盯着设计方案的进展。这一段时间我每天对着电脑制图的时间超过了12个小时，累得我头晕眼花，腰酸背痛，脖子僵硬。尽管有两份工资拿，但身体吃不消也不行啊，于是在两个星期之后，我对汤姆说我不干了，太累了，受不了。汤姆却笑着对我说：“现在给你个全职你愿不愿意干呢。”我说：“那当然好，怎么这么快就有‘全职了。’”汤姆笑道：“世间的事，就是这么巧。”

虽然汤姆确定了我来做全职的机械工程师，但是正式的招聘手续还要走一个过场。公司为我安排了一个面试。公司的老板是不列颠哥伦比亚大学食品系的终身教授，多尔先生。这家公司虽然小得像中国所说的皮包公司，但竟还是一家高科技概念上市公司，公司的名字竟和橙子的名字发音相同，我们在这里就叫它“橙公司”吧。这是一次奇特的面试经历，作为应聘者，我的英语还不过关，很多时候需要汤姆帮我翻译，我才能和科多尔先生交流。虽然我紧张的几乎一夜没有睡觉，但事实上这次面试轻松的像一次家常谈话，而且结果都是预定好了的，我是一定会被录用的。汤姆说我做的设计方案不错，业余的两周就算作试用期考察完毕，定好年薪，和橙公司签订的工作合同就立刻生效了。

但我要从门窗厂辞职，迈克尔就不太开心了。这也很好理解，此时在他眼里，我已经渡过了最初的熟悉工作的阶段，一切都要走上正轨了。在他听到我要离开的第一个反应就是激动地说，“他们给你多少工资？我要和他们竞价。”

我说工资是次要的，关键是那是一个真正的机械工程师的职位。迈克尔说我这个公司虽然是中国人开的，但也是加拿大本地公司，我也可以给你机械工程师的职位。不过迈克尔很快就冷静下来，他知道，他不可能为我和别的公司竞价。此时我在迈克尔的公司还在试用期没有签工作合同，所以顺利地办理了离职的手续。就这样我在温哥华落地两个多月后，就找到了一份我本专业的工作。

然而我们家似乎总是难以好事成双。找到专业工作的兴奋劲还没过呢，妈妈就从橙子的学校带回坏消息——开始上一年级的橙子还会和学前班一样，只能上半天学。

“校长说学校的经费不足。”妈妈愁眉苦脸地对我说。

“在加拿大，政府不是把每个自闭症儿童的经费都给学校了吗？他们凭什么说没钱？”我问妈妈。

“别问我，你自己找学校说理去。”妈妈对我说。但是我对加拿大的情况一头雾水，自己都不知道这里的理是什么，又拿什么去跟人家讲呢？妈妈说还是问问雨果吧。

雨果虽然是专家，但是他教的那套说辞妈妈说校长听后还是不起作用。从雨果得来的信息大概是这样，为自闭症儿童上学而聘请一对一辅导老师（SEA）的费用是由省政府和市政府分摊的。省政府的金额固定，但市政府的部分每个城市不同。温哥华市的资金比较紧张，有的学校在给自闭症儿童的教具或是场地产生了一些花销后，就只剩下给自闭症孩子聘请半天的一对一辅导老师的费用了。

没办法，我们只好考虑转学到能上全天的学校去了。雨果告诉我们在大温哥华地区，教育局不缺钱的就只有列治文市了。列治文位于菲沙河入海口泥沙淤积而成的露露岛上，这里肥沃的土地上遍布着种植蓝莓红莓黑莓草莓的农场，一九九七年香港回归中国之前，大量外逃港人迁入这个城市，使之成为一个新兴的中国城。之后中国大陆移民也看上这块宝地，纷纷落户于此。一时间城市人口暴增到十九万，其中华裔占了一半。多数华裔聚集在市中心，他们开了很多餐馆店铺，满街中文招牌，一张张黄皮肤的脸庞，叫人觉得仿佛置身于中国的某个小城市。所以列治文还有个中文绰号叫作“解放区”，意思就是此地被中国人占领了。中国人喜欢置业，因此列治文房价飞涨，属于市政府征收的地产税也就跟着水涨船高，再加之中国人的餐馆店铺兴隆，市政府税收也就更是财源滚滚来了。因此这里学校都可以给每一个特殊儿童聘请全天的一对一陪读老师。

根据雨果了解的情况，位于列治文市中心的库克小学是特殊教育搞得最好的学校，这得益于这所学校的老校长波罗先生，他是一个非常关心特殊儿童的人。

加拿大转学很简单，只要你住在学校所在的学区，你就可以上这所学校。所以转学的第一件事是搬家。大伯帮忙找了一个紧邻 Westminster 大街的公寓，我们查了学区地图可以上库克小学，于是就去看房。这个单元位于公寓入口正上方的二层，有一个突出的大阳台，我心里盘算橙子可以在阳台上玩耍；这个公寓楼的整个一层是车库，因此这个单元的楼下没有人家，我心里盘算橙子怎么折腾都没有人投诉。有了这两个盘算，就没再考虑太多痛快地把房子租了下来，效率高得我自己都咂舌。

租下房子，到库克小学登记后，便可以离开原来的小学了。校长对于妈妈刚刚要求橙子全天上课未果后一个星期就要转学感到震惊，一个劲地追问道：“列治文真的可以全天上学吗？你们真的是因此转学吗？”妈妈对此的回答半真半假：橙子在新的学校可以全天上学。搬家的原因是因为橙子爸爸在列治文找到工作了。当然这个“半假”算是给校长留个面子。

因为橙子转走，政府为橙子拨给原来的学校的款项就取消了，那个半天的一对一辅导老师就会失去工作，妈妈想到这里有些不安。我说列治文会多一份全天工作机会，总体来说已经过度补偿了。

在库克小学，橙子的第一个班主任是留着络腮胡子的英俊的史密斯老师，他总是挎着一把吉他，时不时地弹上一曲，曲调和他说话的声音一样优雅。整个学校的孩子都喜欢他，家长们则认为分到史密斯先生的班是一件幸事。

橙子的一对一辅导老师是 TRUSK 夫人。我之所以准确地记住她的名字是因为妈妈总是丢掉一个音，于是把她叫作 TRUCK。当我看到这个瘦小的老妇人被称为卡车，强烈的反差使我印象深刻。印象更为深刻的是她经验丰富且对橙子尽心尽力，这些是源于她对橙子的爱心。她总是说橙子是多么可爱的一个男孩，看起来和别的孩子没有什么不同。于是她总是努力地教橙子英语算术，甚至那些橙子几乎一窍不通的应用题也不厌其烦地讲，对橙子的期望似乎超过了我们做父母的。

我们家搬到列治文之初可以说事事顺利，甚至不顺利的事儿也会转化成好事，得到圆满的结果。

搬家没多久，橙子就不小心崴了脚。虽然不算太严重，但走起路来还是很费劲。那时我家还没买汽车，没法开车送橙子上学。于是妈妈便让橙子坐在买菜用的拖车上拖着他上学。受伤后的第一天，妈妈拖着橙子才到路口，就遇到一个中年女子也送孩子上学。这个女子见了橙子忙问这孩子怎么了？当知道崴了脚后，便说她家里有一个推车，等放学接孩子的时候给带过来。妈妈连声道谢，问人家怎么称呼？

“我叫开心，好记吧？”

“开心，真好听，我记住了。”妈妈说。

“崴了脚以后看医生了吗？”开心问道。

“没有，我们刚搬来，还没有家庭医生。问了两个医生都不收新病人了。”妈妈答道。

“我的家庭医生蛮好的，我去和她说说，看她能不能收。”

就这样开心带着妈妈去见了吴医生，吴医生接受了我们，她就成了我们的家庭医生。她是一个和善而认真的医生，直到现在还是我们的家庭医生，尽管如今我们家已经搬到另一个城市了。

搬到列治文对妈妈来说一个意想不到的好处就是交到了很多好朋友。之前在温哥华的东南部，周围邻居多是印巴人，语言文化背景和生活习惯都差异过大，交流往往只限于善意的微笑和几句简单的问候，成为朋友的可能性几乎没有，妈妈住了一年，郁闷得要命。到了“解放区”列治文之后情况则大大的不同，这里满眼中国人，个个是亲人。开心是妈妈最先认识的，也是最好的朋友。她的儿子爱德华和橙子在同一年级，也一直被橙子认作最好的朋友。后来逐渐认识的库克小学学生的家长，妈妈英语课的同学，妈妈教会的弟兄姊妹，我们家的邻居等，都陆续地成为妈妈的朋友。中国有一句话叫“在家靠父母，出门靠朋友”。这些朋友给了我们家莫大的帮助，是我们一家永远不能忘记的。

24
正的和负的天赋

亲爱的女儿西瓜，这封信我断断续续写得很慢，因为即使是我的业余时间，也常常被各种琐事占用。比如这次，前面提到的门窗公司老板迈克尔找我给他设计幕墙大梁的生产设备。这种设备本来他可以买到的，可他为了省钱，让我看着别人的设备录像进行仿制，仿制之后除了自己用，还要卖给别的门窗公司。这种抄袭别人的设计制造方式叫作仿制，在中国的时候我也干过，但是在知识产权有充分保护的北美是行不通的。我告诉他想做产品就不能抄袭别人，得有自己的设计。我用了一个多月的业余时间，找到了一个全新的更为简单有效的方案，迈克尔听了很高兴，他说可以开发产品并申请专利了。然后我们提到了钱。我知道此人吝啬，便没有考虑加拿大行情，而是根据十年前我在中国的时候了解的行情报了设计费。迈克尔却仍然认为贵得无法接受，他让我记录工作时间然后按照每小时 20 加元的时薪付费。我拒绝了。就这样白白忙碌了一个月。迈克尔事先得到创意，他的公司里也有了其他机械工程师，所以谈设计费的时候有恃无恐。

设计的事儿告吹了，我的业余时间有了空闲，于是我们一家去了温哥华科技馆。

在科技馆，橙子玩儿了七层的汉诺塔。他从一开始就玩儿得飞快，以至于我认为他是在无规则地瞎玩儿。然而不到一分钟之后，七层的汉诺塔木片儿就全部从原来的位置移到了另一端的柱子上。我惊讶地让橙子再玩儿一次，确认了他的确是按着规则移动木片的。我赶忙拿来手机给他拍了照，并把它分享到微信的朋友圈儿上。我的一个在一家科技公司作总裁的学计算机的中学同学，发表评论惊讶地说，“你家公子的数理逻辑可真太强了，这么小就会递归算法。”接着他解释说汉诺塔是学习计算机算法的必修课。他不知道橙子是自闭症儿童，或许他认为我们家出了一个天才。对此，我只好打趣地回复他说，我儿子只会四则运算，他从小爱玩儿逻辑推理的小游戏且无师自通，一定是大脑严重跑偏了。写到这里，我抬头看到刚从厕所出来裤子还没提到位就露着半个屁股满屋乱跑的橙子，忽然幻想也许他将来能利用他在逻辑思维上的特长养家糊口。但想到刚刚发生的我给迈克尔做设计的事儿，我的幻想便立刻破灭了。毕竟养家糊口是要收到报酬才能完成的事儿，我尚且有白费精力的时候，更何况是橙子呢。

培养橙子的能力让他在长大后能自食其力，这个幻想从我们家搬到列治文以后就开始了不断地产生灭亡再产生再灭亡的循环之中。我们家刚搬到列治文的时候，橙子在学校有好的班主任，好的一对一辅导老师，回家还有萨丽这样好的家教，让我觉得橙子已经置身于一个我们能想到的绝好的学习环境之中。在这里生活，购物都很方便，爸爸的工作也踏踏实实地走入正轨。第一次没有了迫在眉睫无法解决的难题，于是开始为橙子的长远打算。在加拿大如果是患严重自闭症的儿童，长大以后，政府会全面负责他们的生活。但是这个福利只有智商很低的患者才能得到，这将根据智商测试的结果来决定。我们不期望这个福利，还是希望能够培养出橙子足够的能力，长大以后能够找到某个职业。

当时一个最靠谱的幻想，是让他学音乐。这是源自于我们给他买电子琴后发生的故事。因为我们在列治文的第一个房子还是比较宽敞的，所以搬来没多久就给他买了很多玩具，其中包括一个电子琴。由于爸爸妈妈都是音乐盲，所以把电子琴的包装打开后我们自己都没有试一试，就直接给橙子玩儿了。橙子两手各伸出一个手指头，胡乱地在琴键上戳着，电子琴发出了杂乱的声音。然而几十个混乱的音符飞出后，紧随着的却是一个熟悉的旋律。“一闪一闪亮晶晶，满天都是小星星”橙子一边弹着一边还唱了起来。我和妈妈惊讶地看着橙子，继而激动地相拥而泣，相信找到了橙子会发光的天赋。

“我们一定要找钢琴教师好好教他。”我对妈妈说。

但很快我们就碰了壁。好的钢琴教师不但要价高，而且还挑学生，调皮捣蛋不认真学人家肯定是不愿意教的。虽然橙子用一个手指头弹得挺开心，但真的让他老老实实地坐在那里学琴，就是另外一回事儿了。找不到老师，妈妈就天天祷告。我也被逼着和她一起祷告，否则，我就会被冠以不关心儿子前途的罪名。这一天我们做完祷告，妈妈便冒着温哥华臭名昭著的冬雨上 ESL 课去了。ESL 是加拿大政府为新移民办的免费英语课程。

那天晚上，妈妈带着笑容进了家门。她开心地说：“告诉你两个人的祷告更为神垂听，你还不信。”

“不会吧，钢琴老师找到了？”

“找到了就跟我信主。”妈妈说道。

“牧师说了，耶稣只管基督徒死后去天堂，不管世俗之事。咱家找不找到钢琴老师跟耶稣无关。”查经班不是白上的，以彼之矛攻彼之盾，信仰上我不能受要挟，反正是否找到老师，结果已经有了。

妈妈见要挟无效，只好把情况说了。她的 ESL 班来了一个新同学，名叫温蒂，她在中国的时候教过幼儿园小朋友的音乐课。现在她来加拿大一段时间了还没有找到工作。当听到温蒂说无论什么工作，能给钱就好后，妈妈便问她愿不愿意来做橙子的钢琴老师。温蒂高兴地答应了。

温蒂阿姨弹钢琴的水平不一定很高，但她却是非常适合教橙子的老师。橙子非常喜欢漂亮的阿姨，温蒂恰好就是。她不上课的时候对橙子搂搂抱抱，亲亲热热，和我们说话时称呼橙子都用咱儿子这个人称代词。但上课的时候又非常严厉，为了纠正橙子的手型甚至拿一个铅笔尖儿放在手下边。橙子对温蒂阿姨真是又爱又怕。我们很庆幸，从一开始就找到了温蒂这样的老师，使得橙子有机会走入音乐的世界。但随着时间的推移，我们对于橙子在音乐方面能有所成就的幻想，却逐渐破灭了。橙子虽然对声音敏感而具有对音乐的某一方面的天赋，然而他对学琴似乎并不感兴趣。每次老师在教他的时候他都心不在焉，左顾右盼，直到该下课了，才勉强地把曲子弹一遍。貌似心不在焉，但也能把曲子马马虎虎弹下来。平日里橙子也不愿意练习从老师那儿学来的曲子。他会主动弹的都是一些广告音乐或者游戏音乐。凡是他感兴趣的声音，他就会在琴上弹出来。在和温蒂老师学钢琴后，他即使弹这些广告游戏的音乐，也会运用正确的指法。他喜欢超级玛丽游戏中的音乐，弹的时候，手里还要攥着一个超级玛丽的玩偶。不知从何时开始，他越来越喜欢在手里攥着超级玛丽玩偶，除了在上学时我们强迫他不能拿之外，他的超级玛丽时刻不离手。

开心的儿子，爱德华，学琴比橙子还要晚半年，但是他真让我们见识到什么是天才儿童。这个小孩儿弹钢琴不但正确，而且似乎很会投入感情。我们在列治文，几个关系融洽的家庭聚会的时候，爱德华都会给我们弹琴助兴。

爱德华参加钢琴小提琴考级总是能拿到BC省的第一名。我们一家还应邀参加了在不列颠哥伦比亚大学陈氏中心举办的获奖琴童颁奖礼。汇报演出之后，爱德华抱着鲜花举着金牌和举着超级玛丽玩偶的橙子拍了照。虽然这样的照片很有喜感，但是我的心里却难免有苦涩。即使像爱德华这样的天才儿童，音乐对他也不过是业余爱好。我家的橙子只是有声音敏感方面的天赋，他对弹琴却没有兴趣，他弹不出带感情的曲子，他学不会乐理也根本不可能去考级。我不能在这方面对他继续抱有幻想了。但即便如此，后来我们还是给他换了钢琴，坚持着给他请钢琴老师上课，就算多一个爱好也是好的。

靠谱的天赋没找到，新的行为问题却接踵而至。那些自闭症儿童特有的行为问题，普通人往往做不到，仿佛也是与生俱来的一种能力，从来源上与“天赋”相似，只不过我们通常说的天赋是给人正面积极的影响，自闭症小孩的行为问题就是负面的消极的影响了。因此，我把它称为“负天赋”。

橙子的一个“负天赋”是对超级玛丽玩偶越来越迷恋。本来我们还庆幸橙子没有像小树林迷恋红桃K那样对某个事物的迷恋，但是该来的问题总是要来的，也许任天堂的各种超级玛丽游戏玩儿多了，橙子开始迷恋那个会蹦高抓金币会开赛车会星际飞行的穿着工装裤的水暖工了。他喜欢售价10加元的中号超级玛丽玩偶，不大不小，刚好一只手稳稳地握着。他无论去哪里都要带着他的超级玛丽，一旦找不到就会焦虑万分甚至号啕大哭。然而他对手里的偶像却并不珍惜，经常把超级玛丽抛向天空，任其摔在地上。这个可怜的水暖工经常被折磨得缺胳膊少腿。一旦超级玛丽残疾了，橙子就会毫不犹豫地将其抛弃，并索要新的。商店里这种尺寸的玩偶有时会断货，我只好在有货的时候就一次买上七八个，藏起来，牺牲一个就拿出个新的顶上。如果新买的不藏起来，橙子会一次性打开包装，一起抱走，时常清点人数，一个也不能少。那段时间列治文中心地带的FUTURE SHOP、BESTBUY、TOYSRUS等几家商店货架上的中号超级玛丽玩偶经常被我一次买光，店家一定奇怪为什么这个商品忽然热销了。

橙子在三年级后出现的一个严重的问题是尿频。他开始不停地上厕所而且频率越来越高，在学校一节课要去十几次厕所，甚至有时候刚尿完还没出厕所就又要回去再尿一次。我最初认为是他的身体出了问题，于是带着他去作了各种医学检查。但是医学检查的结果都是正常的。这个问题持续了很多年，直到现在才有所好转。当时我们不停地往辛普森医生那里跑，但多数时候辛普森医生也是一筹莫展。终于一次做完腹部X光检查后，辛普森如获至宝般地指着照片说，看，这里有很多大便，一定是大便堆积压迫膀胱造成的尿频，你们回去给他吃泻药吧。说完，就给橙子开了泻药的处方。然而橙子吃了泻药排光了大便，小便频繁的问题却也没有丝毫的改善。这之后，我们也不为橙子尿频的问题去麻烦辛普森医生了。因为我已经意识到橙子的尿频并非生理问题，而是行为问题，也是一种“负天赋”。

是“负天赋”，就只能靠训练了。但是橙子的家庭教师也不知道如何通过训练解决迷恋玩偶和尿频等问题，这时候就只好去找行为顾问了。六岁后，政府交给自闭症儿童家长掌握的训练经费只有每月500加元了，这些钱不够聘请行为顾问了。但政府为确实有需要的家庭提供一定时间的免费行为顾问，费用由政府支付。

于是妈妈申请了免费行为顾问。等了三个月后，政府的免费顾问就来了，竟然是雨果！此时他刚刚学习完自闭症行为顾问的全部课程，获得了专业硕士学位并考取了行为顾问的资格。雨果已经在电话里帮助我们这个家庭三四年了，他和他创办的组织已经帮助了许许多多未曾谋面的自闭症家庭，在大温哥华地区的华人自闭症家庭圈子里是个英雄般的人物，现在他竟成为橙子的行为顾问，这的确是我们家莫大的荣幸。

25
难眠的长夜

我清楚地记得我是从哪一刻开始抑郁的。复活节假期最后一天的下午，我们全家参加了开心为女儿南希被麦吉尔大学音乐学院录取而开的派对。派对上的一个瞬间，南希吹着长笛；爱德华弹着钢琴；妈妈捉着到处乱跑的橙子以防他把这美妙的演出搅和了；一屋子人或说或笑或吃喝或欣赏着音乐；我忽然开始盯着开心的一对儿女茶呆呆地发愣。一直到派对结束，我还在发呆。出了开心家公寓楼的大门，外面的雨正丝丝密密地下着。雨不算大，但乌云却格外的浓重。我撑起伞，遮挡了雨滴，却没遮挡住黑压压的雨云，刹那间我的心境像是被这厚重的雨云压住，丝毫没有阻抗地，直坠谷底。

行尸走肉般地跟着妈妈和橙子，一家三口回了家。妈妈把复活节那天教会发的一盆百合花摆到卧室桌子上，对我说："这花又香又好看，摆在这儿正合适，可别让橙子碰了。"

我"哦"了一声，便守着花儿坐了下来，睡觉前除了吃饭，就这么守着。妈妈在客厅看电视，橙子在钢琴上弹着某广告的曲子，仿佛都是另一个世界发生的事情，而我的使命就是看守这盆花。

关灯睡觉了，护花使者也躺倒在床。然而不知躺了多久，我还是醒着，我的大脑仿佛在我躺倒的时候凝固了，不让一丝的睡意渗入，而凝固的大脑内部却乱七八糟地亢奋着。“明天还要开车上班，”此时我想到，“我得设法睡上一会儿。”

然而躺久了膀胱就重了，起来上厕所发现果然已经过去两个小时了，撒完尿赶紧回床上好好睡。我开始数羊，随着呼吸的节奏，我如农场主般幸福地数着一头头被牵入我脑海里羊圈想象的羊。然而总是不知不觉中，我的羊被偷走了，我甚至记不起数过多少只羊，脑子就已经再次陷入亢奋的混沌中了。

又不知过了多久，我听到妈妈发出了鼾声，接着又听到橙子躺在小床上睡梦中呼唤着超级玛丽。反正也找不到羊圈了，我索性起身坐起来，拧开床头灯看着熟睡中的母子二人。我想起过去很多次睡梦中醒来时，都是直到看到这母子二人，才意识到无论是刚刚追杀我的黑衣人还是终于要跟我在一起的我曾经暗恋过的姑娘，都只是我的梦中人，他们给我的惊吓或惊喜都随着梦醒消散了。

能做个梦也好，哪怕是噩梦，起码证明我是睡着了。这么想着，便又关了床头灯，躺倒后闭上眼睛。可还是睡不着。我开始思索失眠的原因：也许是床的垫子太硬了；也许是被褥不够柔软；也许是枕头的高度不合适；也许是卧室的空气不流通；也许是窗帘挡不住街灯射来的光；也许是从马路上传来的噪音。终于，我想到了，是那盆百合花，一定是它的香气让我过敏从而导致神经兴奋的。

于是再次起床，打开阳台门，把百合花放到阳台上，再把门紧紧地关上，不让花的一丝香气入侵到属于我的空间。就在我关门的瞬间，我听到了早起的海鸥的叫声。看来留给我的时间不多了，我马上回到床上，做最后一搏。

那时候我们家租住的老式的木质公寓隔音效果很差。我头才沾枕头，就听到楼上一阵沉重的脚步声后伴着关门的声音，那个经营小餐馆的胖厨子去工作了。他每天早晨不到五点就出门，开餐馆也真是个苦差事，我心想。

又过了一段时间，对门的门也响了，我知道作护理的老王已经出发去照顾养老院的老人起床了。现在该有六点多了吧，我还没睡着。如果打算和养老院的老人们同时起床的话，我还可以躺在床上，等老王花半个小时把车子开到养老院再说。

我这样聆听着周围的动静，如果该有的声响一个没有落下都被我听到的话，说明我一直都没有睡着。这结论令我沮丧，甚至开始惶恐。

天亮了的时候，雨云也远走了，到处是春光明媚万物复苏的景象。然而我的内心却依然被雨云包裹着。迷迷糊糊地开车上班，迷迷糊糊地设计，迷迷糊糊地画图，迷迷糊糊地吃饭，迷迷糊糊地回家。回家的路上心想，一定要好好睡觉，不能再失眠了。

然而这却仅仅是一个开始，接下来我的睡眠依然顽固地离我而去。我常常连续几夜无眠，似乎成了无解的难题。时间久了，我甚至对上床睡觉充满恐惧，而恐惧感又加重了我的失眠。我的情绪也一落千丈，人一天到晚木呆呆地游荡着。最先受到我失眠抑郁影响的是我的工作，接连几个设计出错，让汤姆怒不可遏。他指着一块切割过的不锈钢板说："又错了，浪费了几百加元呢！"我说："哦。"

没隔多久，雨果也表达了对我的不满，他说："给橙子示范小便的正确方法，只能父亲来做，曹先生要多上心。"我说："哦。"

但说过就说过，我还是想不起来教橙子小便脱裤子提裤子的正确方法。一段时间后，雨果自己带着橙子上厕所做脱裤子的示范了，好在他是个男的行为顾问。后来雨果大概发现和我说什么，我总是用"哦"来回答，便不再理我，只跟妈妈交流干预训练橙子的方法了。

妈妈对我说："雨果来我家的时间超过政府支付费用时间的一倍多，为橙子操碎了心，比你这个亲爹还好。你看你现在怎么变得浑浑噩噩的，连雨果都叹气，说这样下去橙子将来可怎么办呢？"我说："哦。"

我也不是对谁都只说"哦。"和你奶奶视频聊天的时候，我还是会在脸上挤出笑容，尽量多说几句话。但又总是遇到无言以对的时候，比如奶奶不知道多久才能等到移民签证，于是申请了探亲签证，但却被拒签了；比如奶奶的眼睛不好，去医院查，发现白内障，但她一个人在北京也没法去做手术。

我赖以养家糊口的工作、橙子的教育、独自在北京的奶奶似乎都陷入危机之中。终于有一夜，在我数了几只羊后，被关进了羊圈。羊圈似乎就是复活节假期看到的雨云做的，厚重，黑，灰，把我裹挟其中，动弹不得。我看着远处的亲人，呐喊着，他们却听不到，只是盲目地四处寻找我的下落。

惊醒之后，我忽然意识到我这是在滑向抑郁症的深渊。我的一个朋友曾经因抑郁症住了两个月医院，但是我没有住院的福气，如果我离开两个月，我们这个家就崩溃了。趁着还没有陷得太深，我要自己努力爬出抑郁症的深渊。

于是郭德纲来了，周立波来了，王自健来了，在我的电脑屏幕上，他们卖力气地给我讲笑话说相声。虽然听的时候，我确实笑了，但就像一个中国成语里说的，他们的作用只是隔着靴子挠痒，不起根本作用。于是我打发他们走了，没有给他们一毛钱。

也许倾诉是个好办法。妈妈没有失眠抑郁，也许就得益于她的朋友多，不缺倾诉对象。例如开心，妈妈不但在接送橙子时遇到她会长聊，还会在白天打电话，一聊就是一两个小时，高兴就笑，遇到难事还可以哭。我无人倾诉，在一个失眠的夜晚，我开始尝试把想说的话写到电脑中，再发到论坛、博客上。但毕竟，这是没有人倾听的倾诉，虽然有人会留言同情，但也只是一个网络符号对另一个网络符号发出的回应而已。

我的倾诉对象就只有柳岩了。出国后我们保持着通信联系，苦恼的事儿我会对她说。她回信帮我分析，开导我。或许这是我对抗抑郁时获得的最大帮助。比如我抱怨数羊都无法入睡，她回信告诉我数羊的来历：英语里sheep和sleep读音相近，所以说英语的人要数羊，我们中国人要数水饺；

她给我讲她在北京发生的故事，解我的思乡之情；她帮奶奶找治疗白内障的医生，缓解了我的焦虑。或许就是她帮我轻轻移去把我压向抑郁症深渊的最后一根稻草。

为了能够早日摆脱失眠之苦，我尽可能地改善了我的睡眠环境。我换了床垫、被褥、枕头和厚的窗帘，甚至还搬到了更安静的街区。当时找到最安静的单元只有一居室，但是为了我的睡眠也毫不犹豫地搬了进去。这是一个老旧的公寓楼，我们家在一层，还有一个小院子。我还买了新的双层木床，放到客厅里给橙子用，这样我的卧室就更加安静了。

柳岩联系好眼科医生，我想休年假回国照顾奶奶把白内障手术作了。但那时我家积蓄不多，特别是买了汽车后——尽管为了省钱买了二手车——就一直攒不下钱。为钱发愁，我的失眠就更严重了。

每天只睡极少的时间，我的眼圈乌黑，面色黯淡，看起来就像电影里给患了重病的角色化的妆。这样下去，最后一条路，就只有去看医生了。妈妈说，你早就该看医生了。我不得不承认，我的确有讳疾忌医的毛病。我认识的人中有得了绝症后死去的，就是在看完医生后，知道自己患了病，痛苦了一年后终于死去的。虽然这其中不存在逻辑上的因果关系，但时间顺序是一定的。

我们的家庭医生很珍惜加拿大的公共医疗资源，没有把我转到心理或是精神专科医生。她给我开了药，让我按需服用。医生给我开的是名为“阿普唑仑”的处方药。药物虽能帮我入睡，然而当我醒来的时候，头脑依然昏昏沉沉，好像我失去知觉的时候不是睡着了，而是晕厥了。我也不清楚如果我总是靠药物睡眠，会不会形成依赖或者上瘾。于是我决定，不到万不得已尽量不吃这种药。

一天夜里，我睡不着的时候看了表，凌晨一点，决定坚持自己努力睡；再看表，凌晨两点，继续坚持……最后一次看表的时候，差不多已经四点了，我想想上班还要画图用脑，千万不能再出错，一夜不睡可不行，于是便把药吃了。后来才知道，阿普唑仑的半衰期长达12到15小时，当我早晨八点多驾车上班的时候，药物还在时不时地发挥着作用。当我仅仅开车到离家两个街区的路口时，就在懵懂中撞了车。

撞车之后的一段时间里，我对目击者众口一词地指出车祸是因为我的错造成的而感到愤愤不平。我最后看交通灯的时候黄灯刚刚开始闪烁，可是刹那间竟然发生时空转移，我已经到了十字路口，那辆左转的福特ESCAPE就已经在我面前了，天知道它从哪里来。我已经紧急刹车了，ESCAPE却没能逃脱。

从我意识到撞击不可避免到我的脸被埋入爆开的气囊的短短0.1秒，奶奶妈妈橙子还有柳岩都排着队在我眼前晃动，她们一定是在挽留我，不要我离开这个世界。好在硝烟散去，我发现自己除了被安全带勒得胸口痛外，身体的各个部件还都完好。赶紧先下了车，看到我的科罗拉前脸狰狞扭曲，碎玻璃撒了一地，水箱里的水在哗哗地向路面上流着。被我撞到的ESCAPE后门瘪了进去，原地转了180度，四个轮胎都爆了。好在ESCAPE上只有司机一个人，他显然是受了惊吓。我问他“Are you OK？”他没有回答我，却问我为什么没有看到他。我也没回答他。直到救护车到达，他才从车上走下来，躺倒在担架上。

几天之后，我才意识到，当时并没有超自然的时空转移发生，应该是我体内的药物使得我失去了一秒钟的意识。

我的车被拖走后一个星期，我被告知我的汽车已没有修理价值，只能报废了。保险公司按照市场估价赔付了我9500加元，这比我买车时的花费还多了1500加元。当然他们也大幅度地涨了我的保费。不过我下决心两年内不再开车，让保险公司的如意算盘破产。

拿到保险公司支票的当天，我通过网络视频对奶奶说：“妈，您去医院约做白内障手术的时间吧。”

26
最后一课

因为有了柳岩的安排，回北京照顾奶奶做白内障手术的事儿进展得十分顺利。我下飞机的时候奶奶已经被安排住在医院了，我要做的只是每天例行公事般的去一次医院陪奶奶。手术进行得很顺利，奶奶一周后出院，我便在家里照顾眼睛还不方便的奶奶，每天买买菜，做做饭，不用工作，也不用照顾橙子，难得的清闲，也许这是我几年以来最为轻松的三个星期。闲暇的时间还可以和老友相聚。去工业大学见了一起合作过的马老师张老师，叙旧之余还有意外的惊喜——马老师把上一次做工程收到的尾款的三分之一，大约八万元给了我。马老师还说我想来工大工作或许还有机会。我只好笑着摇摇头，回答道："可惜了这么好的机会。"

这期间和柳岩见了两次面，忽然发现我们之间的共同语言更多了，每次都聊到饭馆儿打烊，似乎要说的话还都没有说完。几乎每天还有电话短信联络，除了关心奶奶的眼睛，也有相互的关心。不用操心麻烦的儿子，有知音好友相伴，又有机会实现进入大学工作的理想，以至于我甚至生出了一种罪恶的想法，生活竟可以如此惬意，不如就这样在北京住下去吧。我甚至开始理解那些抛弃了生病的孩子和妻子的男人了，或许每个人本来都有权重新选择生活；或许这种事儿发生在自闭症家庭的比例相当的高是有原因的。虽然最终这些想法被责任感打败，但这些内心的挣扎也说明我并非一个彻底的纯粹的好人，或许环境有些许不同，比如和柳岩的关系发生某种变化，比如工大有了新的项目，谁知道，可能我的责任感就是被打败的一方了。

欢乐的时光总是过得太快，三个星期，在人的一生中微不足道的短，但值得怀念，因为这之后就再也没有如此轻松的时光了。这不，一回到加拿大我就不得不面对现实——橙子又闯祸了。

事情是这样的，那段时间橙子喜欢骑自行车，每天放了学都会在学校操场的小路上骑几圈。但是不知从什么时候起，忽然出现了越来越多的挺着大肚子的中国孕妇在操场里来回地走动，作着能顺产的努力。因为橙子骑自行车的时候控制能力比一般的孩子要差一些，所以看到孕妇的时候，我和妈妈都会非常的紧张，怕橙子撞了孕妇，就收了橙子的自行车，叫他去打篮球或者玩儿滑梯。直到孕妇们筋骨活动充足后回了巢，我才让橙子在操场上骑上几圈自行车。

但是智者千虑，终有一失。这一天，直到天色都几乎全黑了，在操场上走圈儿的孕妇们才收了工。滑梯、篮球、Monkey Bar 等早已玩儿腻了，我赶紧招呼橙子去骑自行车。已经憋了两个多小时了，橙子登上自行车就撒了欢地向前飞驰。当他骑了半圈儿，我却发现在操场的另一端，一个孕妇，缓缓地，从外侧踱步而来。我大声地喊橙子，“小心！”，但是他根本就听不到，其实即使听到了结果也是一样。就这样，我眼睁睁地看着那两个黑影越来越近，终于“嘭！”的一声，速度快的黑影人仰马翻地倒在地上，速度慢的黑影缓缓地矮了下去。

我赶紧喊了妈妈一起跑了过去。橙子已经站起身，扶起了自行车。孕妇则蹲着用手扶着自己的脚踝。妈妈赶紧过去跟她蹲在一起，问她怎么样？孕妇嘬着牙花子说，“疼。”

橙子从后面撞了孕妇的后脚跟。好在橙子还是尽量做了躲避的动作，让自己先摔倒，孕妇的后脚跟儿只是被倒下的自行车轮扫到而非正面撞击，没有对她造成更大的伤害，所以她还能够保持平衡，并慢慢地蹲下。

妈妈扶着孕妇，看她能不能走。孕妇勉强地向前走着，丢下一路东北味的“疼”。孕妇的住处就在小学校一墙之隔的一排 TOWNHOUSE 里。这件事儿之后我们才知道前一段时间列治文南部一所地下华人月子中心被查抄后，老板悄悄地在库克小学旁边重新开了一家月子中心，专门接待从中国赶来把孩子生在加拿大的待产孕妇。这就是这一段时间为什么有大量的孕妇在学校里活动的原因。

活动了一会儿，孕妇基本上能走了，她给她的老公打了电话。这个二十几岁的孕妇撒娇般地对着电话说，“人家被自行车撞到脚了，你快来嘛。”看着孕妇走路越来越稳当，我估计应该问题不大，就先带着橙子回家了。

妈妈护送孕妇回到月子中心。不一会儿，孕妇的老公就赶到了。不是亲耳听到这个年轻的孕妇喊老公，妈妈还真会把眼前这个五十多岁的秃顶男人当成她肚子里孩子的爷爷。他大概地了解了一下事情的经过，就开始大声斥责妈妈，自己还越说越生气，甚至要不是月子中心的老板娘拦着，都有可能动起手了。那段时间对非法月子中心查得正严，老板娘可不想因此再次被曝光丢了生意。

尽管孕妇看起来问题不大，但是孕妇的丈夫一定要去医院检查。那时候爸爸出了车祸之后还没有买新车呢，所以妈妈只好请开心开车把孕妇送到医院。

到了急诊室，由于孕妇在加拿大的身份是外国人，只能自费，他们就叫妈妈掏钱。孕妇的丈夫，这个五十多岁的中国男人，带着闹事儿才能解决问题和不信任的惯性思维，吵吵嚷嚷，甚至是拉拉扯扯的，拒绝没有带钱包的妈妈回家取钱——他怕妈妈跑了。无奈，妈妈只好打电话让大伯到我们家取了 3000 加元的现金。好在我把从马老师那儿拿到的工程尾款换成了加元，这时候派上了用场。

加拿大的急诊室，漫长的等待是家常便饭。但孕妇的老公不习惯，他没完没了喋喋不休，甚至惊动了医院的保安，直到被告知他再不停止，警察就会干预，那张嘴才算闭上。

尽管看起来没有任何问题，孕妇夫妻还是坚持做了脚部的 X 光检查。当然，还是没问题。最终算做医疗费和赔偿费，孕妇丈夫一股脑把 3000 加元都收下了。

半个月后，孩子便生了出来，四点五公斤的白胖小子。我之所以知道这些，是因为那晚从医院回来，妈妈便开始像义工一样每天去看望孕妇，每次都带着她亲自炖的催奶用的猪蹄汤、鲫鱼汤或是水果。甚至这义工一直做到人家坐完月子，那一家三口飞回中国，才算结束。

也许是被妈妈的行为感动，这个孕妇甚至和妈妈成了无话不说的朋友。孕妇名叫王薇，来自沈阳。她的老公是个国企干部，平时对下属威风惯了，因此到加拿大其做事风格显得与当地的风格格格不入。她还为她老公的鲁莽向妈妈道了歉。她看到妈妈的行为早已超出对她的补偿，便问妈妈为什么会对她这么好，你的妈妈就不失时机地向她宣讲耶稣基督的爱，还送了《圣经》给她。王薇如获至宝地开始读，并向妈妈感谢为她找到信仰，看那样子要不是在坐月子，就要跟妈妈到教会决志受洗了。

王薇临走的时候，悄悄地问妈妈是不是瞧不起她这样来到加拿大为了加拿大国籍生孩子的中国人。妈妈说为加拿大多生几个中国孩子，让加拿大有更多的中国人，对加拿大的中国人是好事儿——选举的时候发言权也更大了，中国人也更被重视了。对加拿大也是好事儿，加拿大地域广大，本来就需要输入移民来维持，更别说在这儿生的崭新的生命了。而且生完了带回中国抚养，也不消耗加拿大的福利，而等孩子长大了，还送回来建设加拿大，加拿大没吃亏。听完妈妈的一席话，王薇一家心满意足地飞走了。

妈妈忙着伺候月子，下班后我就更多地照顾橙子。那时候橙子迷恋超级玛丽玩偶、小便频繁等问题看起来依然没有改善。而且随着功课越来越难，原来还算明白的数学课也糊涂了。学校的一对一辅导老师一年一换，新老师不了解橙子，只能哄着他玩儿却什么也教不进去。家庭辅导老师办法不多，她只能求教行为顾问雨果。可是就连雨果，也不像原来那样干劲十足了，他看起来有些萎靡不振。有的时候约他也约不到。雨果来的次数越来越少。等妈妈伺候完王薇月子，我说雨果是不是不高兴，不如我们请他吃顿饭吧。妈妈说好。

本来以为约雨果吃饭也不容易，没想到电话打过去，雨果立刻就答应了。我们和雨果约在列治文中心的一个香辣蟹餐厅。吃饭的时候，雨果说他最近经常去医院，以后不能常来了。我们忙问怎么回事儿？雨果说是肺病，还在查，还没有结果。也许是加拿大人牌的啤酒配合香辣的蟹肉效果让人陶醉，雨果破天荒地说起了自己的家庭，他说他的太太十分贤惠，是个很好的女人，她们的女儿也患了自闭症，但是现在恢复得很好。真的很好。他说到这里又特意强调了一遍。吃一顿饭，我要带着橙子去四五次厕所。回家后，妈妈说在我们上厕所的时候，雨果喃喃自语地说了好几遍，橙子长大怎么办？怎么办？

没过多久，雨果就又来我家，还带来了一个女老师杰西卡。杰西卡已经做了多年的自闭症教师，并且也在考自闭症行为顾问的执照。杰西卡给橙子上了两个小时课，上课时雨果时常会插嘴指出橙子曾存在的问题并给出建议。事实上杰西卡是个非常在行的行为干预老师，她很快就能控制好橙子，让橙子按着她的方法学习，雨果不停地插嘴显得他像是有些急于让杰西卡接班，又好像这是他来参与的橙子的最后一课。

然而事实上，这就是雨果最后一次参与橙子的训练课。

27
伤痛

加拿大的网络服务公司与它们的中国同行非常不同的一点是，他们用优惠价格招揽新用户，却给老用户涨价。涨价之后的费用，对工薪阶层来说，是一笔不小的开销了。所以当一家新开业的华人电讯公司打出服务费终身不变的广告后，我们家就毫不犹豫地转向了这家新公司。

网络很快就装好了，高速宽带，不限流量还包家庭电话和电视，价格也公道。不过还是闹了一个乌龙，网络装好了我才知道这家华人电讯公司提供的电视节目竟然没有加拿大的本地电视频道，只有中国的电视频道，这让我大感意外。

一天傍晚，我正坐在写字台后面看书。橙子在双层床上爬上爬下地玩儿他的撒彩纸的游戏。妈妈在一个一个地搜索着中国各省的卫星频道——普通话的节目看起来格外亲切。

就在这时杰西卡打来电话，说雨果住院了，肺癌，可能时间不多了。妈妈和我睁圆了四只眼，惊的一时说不出话。撂了电话，赶忙商量找时间去看望雨果。

还没商量出个结果，却忘记了电视节目停留在了中央电视台的国际频道。这时电视里传来《新闻联播》的片头曲。我还坐在桌子后边，因为我们家橙子对这个曲子神经过敏，所以我立刻扭头去看正在双层床上玩儿撒彩纸的橙子。然而，一切都晚了，我眼睁睁地看着橙子惊恐地逃跑，他慌乱地向床外一跳，却被床帮挂到了脚，然后就一头栽到地面上。他的头部右侧直接重重地摔在地面上，地毯腾起了一丝烟尘。然儿就在我冲过去抱他之前，他竟然又顽强地站起来向外跑。当然我知道与其说顽强，更不如说是对《新闻联播》的恐惧。只两步后他就一头栽倒在客厅门口。

我抱起了橙子，妈妈在一旁呼喊着他的名字。橙子睁开了眼，说了一句“妈妈，我困了，想睡觉。”一句话没说完，就呕吐了起来。

妈妈不知所措：“怎么办？要不要打 911？”我看到了橙子头部的撞击的力度，心急火燎地回了一句“那还用问？”便拿起了电话。

接线生第一句话就问是不是要救护车，我答道：“是”。然后就是确定家庭住址。最后才问发生了什么。由于心慌意乱，是爸爸本来就不佳的英文越说越乱，好在电话还没挂，救护车就已经到了。

救护员本来建议我和妈妈一个人跟车另一个自己开车到医院，但是由于爸爸出车祸后还没有买新车，便只好一家三口都进了救护车。上车后救护员问去附近的列治文医院还是去温哥华的 BC 省儿童医院。妈妈说去 BC 省儿童医院，因为橙子是自闭症儿童，许多特殊状况儿童医院更有处理的经验。

天都全黑了，刺耳的救护车笛声搅扰了温哥华寂静的夜，载着一车的焦虑与忧伤，一股脑地塞进 BC 省儿童医院的急诊部。没有平日里看急诊的等待，橙子被直接送入观察室。立刻便有医生来了解情况，我和妈妈连说带比画，医生总算明白了。护士则过一段时间就来检查一下，观察瞳孔、量血压等。妈妈说：“会不会是脑震荡？”我心里惊讶于妈妈对于橙子伤势严重性认识的不足，便对她说：“如果仅仅是脑震荡，恐怕是最好的结果了。”妈妈又问：“最坏的话，还会怎样？”我说：“颅内出血。”

我觉得应该马上作头部 CT 检查。但医生似乎不着急，说橙子没有再次出现呕吐，就没必要作CT。听了这话，我心里也生出一丝幻想：要是橙子到明天都不呕吐就可以带着他回家了，那真是再好不过的结果了。这时橙子躺在床上玩起了任天堂游戏机，似乎也忘记了伤痛，最后抱着屏幕上还有超级玛丽奔跑着的游戏机睡着了。观察病房里为每个病人设一个隔间，并且设有陪同家长休息的折叠床。我和妈妈也轮流休息，就这样熬过了一个晚上。

第二天一早，早饭送来了，根据我们的要求，无面无奶。但橙子一顿饭没吃完就吐了。这下子值班医生开始紧张了，吩咐我们说橙子不要再进食了，继续观察。这时橙子开始说头痛，眼睛痛。到中午，吃了午饭，又吐。医生终于认为有必要照脑部CT了。下午三点，到了CT室，因为橙子是特殊儿童，不可能配合完成CT，护士给橙子注射了一种麻醉剂，眼看着橙子就躺倒，不动了。这时候，爸爸还存在一丝幻想，也许照完CT，没事，就该回家了。

大概四点多的时候，护士来告知，CT扫描发现橙子颅内出血，已经Call了专科医生，医生已经在路上。妈妈说："真的颅内出血，怎么办呐？"我说："开颅手术，你现在就盼着不要堵车，医生早点到吧。"其实我已经知道此时温哥华突降大雪交通瘫痪，心里着急却不敢对妈妈说。

好在不长时间，专科医生就到了。是个皮肤黝黑的印尼裔医生，名叫沃尔夫，他从观察室电脑调出橙子的CT影像。电脑屏幕就挂在墙上，三维影像显示，橙子的头骨右侧内部出现裂痕并出血，积血已经形成直径74毫米，厚度19毫米的血块。血块将橙子的大脑挤向右侧，大脑中原有的缝隙都挤得没有了，甚至眼球都被挤得突出了。沃尔夫医生说："我们有两个选择，一是送到ICU观察，看看出血会不会停止，血块会不会变小，如果不会的话，再做手术。第二个是立刻手术。"我说选择立刻手术。沃尔夫医生说这个选择最好，因为过几天不得不手术的时候，情况也许会变得更糟。

妈妈听说要开颅手术，眼泪就开始止不住地流，让我问医生会不会有后遗症。我没有去问医生，就直接胡扯地安慰她说："别紧张，自闭症儿童神经本来缺乏联络，你看现在大脑却被血块挤在一起，说不定就互联互通了呢。"

手术安排在傍晚六点半。萨姆医生，一个头发花白的老医生，是橙子的主刀医生，沃尔夫则是他的助手。沃尔夫解释说，他们要在橙子头骨上钻一个小洞，伸进一个工具，再切出一个窗口，进行止血，清瘀血。萨姆医生说，这是个简单的手术，总体成功率99%，而在儿童医院，还从来没有失败的例子。后来听说，萨姆是这个领域最好的医生之一。

一个半小时后，我们被告知橙子手术成功，已经转入ICU病房。我和妈妈马上赶到ICU病房。大概是麻醉药力已经在消退，橙子正在撕心裂肺地哭。他不会表达痛苦，只会边哭边喊："我要坐电梯！我要坐电梯！"由于他拼命挣扎，护士在征得爸爸妈妈同意后，把橙子的手脚绑到床帮上。又注射了安定，他才渐渐安静下来。本来以为橙子的头上会缠满纱布，但令人惊奇的是他头上什么也没缠，甚至头发都保持了原样，只是沿着刀口剃掉了一厘米宽的头发，漏出被羊肠线缝合的伤口，黑红和惨白交织在一起。

ICU病房里每个病人都有专职的护士，有仪器检测病人的各项指标。护士每隔一段时间过来做各项检查。病人只能有一个家属陪床，我和妈妈在病房和休息室轮流换班。 在病房的时候，我紧张地盯着监测橙子身体的各种仪器的显示，盯着走过来的护士或者医生，像是怕他们出了什么纰漏。在休息室的时候，我看到一对虔诚的穆斯林夫妇正为他们气管吸入异物而做手术的孩子跪地祷告。信神的人真好，遇到事儿可以找靠山。我没有靠山找，只是寻思着这手术应该是成功的，医生还说了脑膜没有破，想来应该不会有严重的后遗症。这样一边想一边自我安慰着，竟然躺在沙发上睡着了。

在 ICU 病房 24 小时后，橙子被转入普通病房。转去之前 ICU 病房护士说因为橙子是特殊儿童,所以给他一个单间病房。但是到了神经外科病房，才发现是双人病房。其实我们没有意见，只不过怕橙子会影响别人。后来这样的事儿确实发生了。每个病床都配有一个小电视，本来两个小病人都在看电视，相安无事。但是第二天早晨，同屋小朋友看的电视节目的声音使得橙子非常恐惧，用中文大叫要关电视。同屋的白人小孩和小孩爸爸不知道发生了什么。护士了解情况后，向他们做了说明，白人小朋友很懂事就不看电视了。爸爸妈妈说了不少感激的话。好在很快那个小孩就出院了。

橙子要继续留院观察，以确定手术是成功的。但是由于橙子不会表达，不得不在一天之后又安排了一次头部的 CT 扫描。检查结果显示，橙子的头部不再出血了。

到了住院的第五天，我们被告知橙子可以出院了。姑姑开车把我们一家三口接回了家。住院这些日子也辛苦了姑姑，她每天都给我和妈妈送饭。好在医院给橙子提供了无面无奶的病号饭，否则给他准备饭还真是一件麻烦事儿呢。

出院不用办任何手续。这让我很不适应，总觉得缺了点儿什么。哦，不用结账，在加拿大住院手术似乎和钱没有任何关系。

到家后我第一件事就是把摔了橙子的双层床彻底拆除肢解，从一个双层床变成两个单层床，再变成床头和床板，最终成为一堆散乱的木条。我把这堆木条发泄地扔到垃圾堆里，为橙子报仇。其实我知道双层床只是替罪羊。但真正吓到橙子的是《新闻联播》，咱惹不起，只能欺软怕硬了。

医生告诉我们，橙子在两周以后就可以上学了。但是我和妈妈还是担心，毕竟橙子受了这么重的伤，他自己却不会小心，又多动，于是决定让橙子在家休息两个月后再去上学。

过了好些日子才想起不知雨果的病情怎么样了。妈妈给杰西卡打了电话，杰西卡说，雨果已经走了，下周追思会。

28 新生命

亲爱的女儿西瓜，当我写到橙子受伤雨果离世，我就像又把这些事情经历了一遍，内心悲伤不已，以至于我无法继续写下去了。这一次间断了将近一年的时间，好在我基本上把你出生之前我们家发生的事情都记录下来了。毓琦是我们搬家后给橙子找的新的家庭辅导老师，她听到妈妈讲我们家的故事后，说你们经历了这么多，简直可以写一本儿书了。

我说书没有，但我给女儿写了一封信，记载了我们家这些年的经历。毓琦听了，便要来信看。看完信后，毓琦说这其实就是一本儿书了，很多自闭症家长可能都想看。你不如把它投到出版社试试吧。

我说要是出书的话，会得罪很多人，毕竟这封信里有对一些人或单位的负面评价。毓琦说那还不好办，你把这些人的名字改一改就行了，用电脑改，就一会儿工夫。然后再声明，本文纯属虚构。

看完了我前面写的，毓琦想知道我们家后来的经历，便催促我继续把这封信写完。因为间隔的时间长了，我一时竟不知从何写起。

此时已经三岁多的你正把我们家的地球仪从支架上拆下来满屋跑着当球踢，毓琦说你是一个女汉子，一点儿也不冤枉你。我抢过地球仪把它重新装好，教你正确的使用方法。我指着标注了温哥华的小黑点儿告诉你我们家住在这儿。你想了几个小朋友的名字，问他们的家在哪里。当你看到爸爸指的都是同一个小黑点儿后，感到很无趣，也很失望。

为了让你感兴趣，我指给你看北京的位置，告诉你妈妈和哥哥都是在这里出生的，又给你指了爸爸的出生地，黑龙江的一个小城市。这时你着急地问："那我呢？"

你是在列治文医院出生的。我一边告诉你一边拿地球仪给你看，遗憾的是我又只能指着标注了温哥华的那个小黑点儿了。

妈妈是意外地发现自己怀孕的。当时已经入冬了，为了帮一个新移民调解家庭纠纷，妈妈在一个刮大风的夜晚在室外做了长时间的劝说工作。直到夜深了，人家一家人和解了，妈妈在回家后却发起了高烧，足有40度。第二天妈妈给他的好朋友开心打电话，也不知她们都聊了什么，最后开心鬼使神差地说，你该不会是怀孕了吧？撂下电话，开心就拿着验孕棒来了我们家。一测，两道杠。再到家庭医生那里去验证，果然真的是怀上了。

当时计算你已经是五周大的胎儿了，我们查阅了资料，此时妈妈发高烧，也许会对你的心脏健康有影响。所以此时爸爸妈妈对孕育新生命感到喜悦的同时，内心也笼罩上了一层阴影。

另一个担心是自闭症。几乎在同一个夜晚，妈妈和我都做了一模一样的梦——妈妈生下了一对双胞胎，长得和橙子小时候一模一样。那天我们都是被吓醒的。也许我们梦到的是最糟糕的情况，梦有时就是起警示作用的。我们都希望你是个女孩。自闭症小孩的男女比例为四比一，生一个女孩健康的概率更大一些。

妈妈作了怀孕20周的B超检查后，拿回的报告上写着："由于母亲身体原因，没有看清楚胎儿心脏结构，建议一个月后再做一次B超检查。"

"也许只是因为我胖，肚皮太厚了。"妈妈对没有看清楚你的心脏结构这事儿显得并不十分在意。由于列治文是华人聚居区，华人普遍有重男轻女的传统，所以这里的诊所都不会告诉孕妇胎儿的性别。此时她更对医生没能告诉她肚子里怀的是男孩女孩耿耿于怀：“不告诉性别，这叫我如何准备宝宝的衣服呀，我希望是个女孩，不但自闭症概率小，还可以打扮得漂漂亮亮的。”

为了知道你是男孩还是女孩，一个月后的B超检查约到了位于温哥华市的一个诊所，还要家庭医生在检查单上写了需要知道性别。妈妈进B超室足有二十分钟后检查才做完。之后是给爸爸展示的时间，有人喊我的名字，要我进B超室。我一进门，医生就问我喜欢男孩还是女孩。我看到妈妈躺在床上，脸上流露出得意的笑容，便说：“我喜欢女孩。”

“恭喜你们！”医生自己也十分兴奋，笑着说：“你们都喜欢女孩，你们就有了个女孩，这真是太好了！”

其实我更关心的是孩子的健康。虽然根据妈妈和医生的表情判断感觉可能是多此一举，但我还是问道：“她的心脏是好的吗？”

“非常好，所有的器官发育都很好，完全没有问题。”医生说完，指着墙上一个三十几寸的液晶显示器说：“我这就给你演示一下。”

随着医生把检测探头在妈妈的肚皮上移动，还是胎儿的你的影像一层层地出现在显示器上。

就在看到你的影像的一瞬间，我就深深地爱上你了。我爱我看到的你的一切：跳动有力的心脏、精巧的骨架、饱满的大脑、细致的五官和肚子里像个梨子般的膀胱……

医生突然说道：“你们看，她在吐泡泡。”我睁大了眼睛，妈妈躺在床上也扭过头来看，只见你的下颚缓缓张开到最大后，又快速地闭合，一个泡泡就吐出来了。你在众目睽睽下一连制造了三个泡泡。我在一旁由衷地赞叹道：“真圆！”

演示的同时，医生已经完成了拍照。临走，医生把打印好的B超照片给了我们，照片的四周空白处，用十六种语言写着“恭喜”。

回家以后我们高兴地告诉橙子：“你要有一个妹妹了。”没想到橙子听到后哇的一声哭了起来。“我想要弟弟，我想要弟弟。”橙子一边哭一边说。我和妈妈琢磨了半晌，才琢磨出个究竟。原来邻居有一个小女孩一个小男孩，平时就让橙子喊她们弟弟和妹妹。小女孩平时比较霸道，会抢玩具会哭会闹；小男孩则对橙子十分友善。妈妈对橙子说妈妈肚子里是橙子的亲妹妹，和别人家的妹妹不同，她将来是最爱橙子的人。这样哄了几日，橙子终于不哭了。

在知道你是女孩之前，连我自己都不知道我是如此喜欢女孩。我经常用手摸着妈妈的肚皮和你聊天，终于有一天可以感觉到你在动了。后来动作越来越大，有一天我对妈妈说：“女儿很喜欢我给她讲的故事，你看她又有反应了。”

妈妈说：“她那是踢你呢。”

“是吗？但她在你肚子里，怎么踢都是先踢到你吧。”

你踢的这一脚给我带来了灵感，让我人生第一次写了一首诗：

最初
我还在你的腹中
伸手打到的是你
伸脚踢到的也是你

后来
我在你的怀抱里
睁眼看到的是你
张嘴吸吮到的也是你

我长大了
我在你的目光里

夸我的是你
骂我的也是你

现在远隔重洋
你在我的思念里
电话另一端是你
梦里见到也是你。

我给这首诗起名《母亲》，给一个征文活动投稿竟然获奖，以至于我至今认为诗人是最容易滥竽充数的行当。

临近预产期，妈妈感觉自己大概快生了，便收拾了行囊到列治文医院产科报道。那时正是夏天，橙子放暑假在家，我就在去医院的路上把橙子顺便送到开心家。生橙子的时候就是在妈妈有这种感觉的时候去了北京医院，之后就住在北京医院待产，没有动静就打催产针。但是我们的北京经验在加拿大显然失效了，医生作了检查后说胎儿发育良好，请回家继续待产。

两天后一大早妈妈已经感到阵痛了，我就马上带着她又去了医院。这次医生检查后说子宫口已经开了两指，请我们继续回家等待。我觉得不可思议，便问医生何时才能住进医院，医生说要到阵痛达到 2 分钟一次或者羊水已经破了。

回家后妈妈的阵痛愈演愈烈了，但是过了中午频率却还只是 3 分钟一次。我想要真的等到 2 分钟阵痛一次可能就来不及，毕竟是生第二胎，别像传说的有些妈妈那样把孩子生在去医院的路上。于是我们又到了医院，到医院前还是把橙子送到开心家，并对她说这次橙子应该在她家过夜了。我把汽车停在医院的停车楼里就在车上随时数着妈妈的阵痛间隔。直到傍晚，阵痛间隔才降到 3 分钟以下。我看妈妈痛得更厉害了，便找来轮椅，一路把她推到产科。这一次医生二话没说，就让妈妈直接住进产房了，说今晚孩子就会出生。

然而事情并没有想象的顺利，明明已经开了十指，但你就像卡住了，出不来。助产士告诉我，因为和妈妈生育第一个孩子间隔了十年，产道已经收缩，这样生二胎就和生育头胎一样困难了。此时我一定是看起来很慌张的样子，为此助产士除了照顾妈妈，还要安慰我。她说你已经第二次在产房陪太太了，不要担心。

我说这是第二个孩子，但我却是第一次进产房。妈妈在北京医院生橙子的时候，我只能在产房门外等着。北京医院病房是病房，产房是产房。病房三人一间，产房是秘密车间，铁打的产床流水的产妇和孩子。其实我到底也没进到北京医院的产房，里面到底什么样我也不清楚。生橙子的时候是一个生育高峰期，一个个产妇进去，一辆辆婴儿车载着小婴儿出来，仿佛里面有自动化生产线。

但秘密车间在制造橙子这个产品的时候出了故障，胎盘粘连，造成了妈妈大出血。不知道今天会不会发生同样的事情。想到这里我更紧张了。

“你们是专门选的龙年生孩子吗？”想不到黑人助产士还知道中国的生肖。“不是故意的。”我告诉她。也许是想分散我的注意力，助产士和她的助手找各种话题和我聊天——我也是助产士要帮助的对象。就这样时钟划过 12 点，在你和妈妈的共同努力下，像是要有动静了。这时产科医生也来到了产房。

“照相机，照相机！”助产士兴奋地对我喊着。好在我准备充分，小数码相机挂在脖子上录像，单反相机调到高感光度照相，眼球和镜头一起关注着。

你的头出来后，整个身子就一下子跟着滑了出来，接着是脐带，脐带拉着胎盘，完美！助产士立刻把你抱起来让你趴在妈妈的肚皮上，把脐带拿夹子夹好，一把剪子递给我。我的手竟然在抖。我把脐带剪断了，你成了一个独立的人。产科医生和助产士和助产士的助手一起给我鼓掌。

此时你是粉嘟嘟的一团肉，鼻子上长满了小斑点，像是某品种土豆的表皮。助产士抱起土豆，处理好脐带，然后称重。

你的体重令人惊讶。妈妈怀孕初期生病，体重下降，后来孕期反应又比较重，妈妈的体重增加有限，甚至可以说是利用怀孕减肥了，因此我们都想你的个头会比较小，自然生产也会容易。但体重显示 3918 克，你是个大婴儿，难怪那么难生。

助产士把你洗好包好，你甜甜地睡在妈妈的身边。我忽然意识到此时正是你的预产期的日子，就对妈妈说，我们的女儿从小就守时啊，早一分钟都不出来。

29

未来的祖屋

在你出生之前，爸爸妈妈已经准备在列治文买房子了。我们看了一段时间的房子，但是作为华人的聚居区，列治文的房价总是比别的地方涨得快一些，越不买越犹豫就越买不到了。

在你出生之后，买房子的需要就更加迫切了。我在这封信的一开头就提到我们的地产经纪人艾伦，在你六个月大的时候来到我们家，告诉我们，那套Townhouse的卖家已经接受了我们的出价。但最终这笔买卖没有成交，原因是那套房子即将要缴一大笔维修费。

在列治文我们只能买得起共管式物业，即有管理公司管理的公寓或者Townhouse。但我们了解到共管物业要付的管理费和各种五花八门的维修保养费用可能会很高，这真的让我头痛。要是遇上一个不好的管理公司，这个物业就是一个永远也填不满的钱坑了。

我的意见是到素里市买一栋独立屋。除了素里的房价还比较低外，素里还是大温哥华地区唯一的把自闭症ABA训练引入普通学校的城市。我能知道这些信息还要感谢雨果，虽然那时候他已经不在人世了。

和我在中国所经历的追悼会不同，雨果的追思会是一个欢乐的聚会。一共来了好几十个家庭，大多数都是父母带着自己的自闭症孩子，所以会场不可能安静，反而热热闹闹的。主持人和雨果的两个同事分别介绍了他的生平事迹，他们对雨果的评价可以浓缩成两个字——“好人”。主持人还念了雨果生前写给大家的感谢信，他感谢了每一个参加他的追思会和在他生病期间帮助过他的人。

投影仪播放了雨果从小时候到去世生命不同阶段的图片。最令人感慨的就是他在弥留之际，完成了他的心愿，乘坐游艇出海。虽然躺在由临终关怀中心四个志愿者抬着的轮椅上准备登船的雨果对着镜头招手微笑，但此时会场上几乎所有的人的眼圈都湿润了。

雨果留下了太太和女儿自己走了。想到她的女儿也是自闭症患者，妈妈想给她们捐一些钱，但是被雨果太太拒绝了，她说她有护士的工作，收入还不错，雨果生前买了人寿保险，更令她们母女俩现在的生活有了保障。

追思会的最后是自助餐的时间。考虑到很多自闭症小朋友是禁食的，所以提供的基本上是无面无奶的食物。橙子非常喜欢吃寿司，我就给他的餐盘里放满了寿司，找个角落我们俩一起吃。妈妈已经和其他的家长聊起来了。聊天时妈妈发现很多家长都是台湾移民，其中大多数又来自于素里市一个被称作台湾村的社区以及其周边地区。

在这些自闭症小孩家长中，斯黛拉是素里一所小学的特教老师。她说她工作的那所学校自闭症教育搞得还不错，几个特教老师都非常优秀。妈妈和斯黛拉谈得非常投缘，临走的时候还互相留了联络方式。

但在当时我们还没有考虑搬到素里，那时候总觉得素里是个遥远的地方。橙子在库克小学过得也不错。但是没想到形势很快就发生了变化，原来重视特殊教育的老校长退休了，在升入五年级后他的新的班主任，对橙子总是十分不耐烦，而一对一的辅导老师又是个新手，完全不知道怎么控制自闭症小孩儿。妈妈的意见是趁着买房在列治文转一个学校，或许会好些。但是过了一段时间没找到合适的房子，我就对在列治文买房感到绝望了。我对妈妈说，我们搬去素里吧。但妈妈显然对再搬到一个全新的城市没有信心。她跟我说你知道原来我们住在温哥华东区的时候周围没有中国人，我连一个朋友都交不到。你看看，现在多好，就说我们生孩子这事儿吧，我们能把橙子放在开心家过夜，这样的朋友我们上哪儿去找？这里离温哥华比较近，我坐月子，堂姐还能过来帮忙，还有我教会那些朋友，他们给我送汤送补品，我舍不得他们。素里的中国人少，去了那儿交不到朋友，家里有点事儿都找不到人帮忙。

妈妈连珠炮似的说了一通，我也只好闭嘴，继续在列治文找房子。直到我们验完屋被告知几乎已经成交的 Townhouse 要缴纳 3 万加元的维修费而被迫放弃，我才重新得到机会。

我说我们就去素里斯黛拉上班的那所学校周围看看房子吧。妈妈很勉强地同意。她说，那就去看看。

艾伦对我们这个决定感到十分惊讶，不过到素里看房子对他倒是丝毫没有难度，他从小就是在素里的台湾村长大的。斯黛拉工作的学校并不在台湾村里，但距离也不太远。很快他就给我们约好了在售的八栋独立屋和四套 Townhouse。本来我只让他约独立屋，但是他说也看看那里的 Townhouse 做个参考吧。

去素里看房那天我们一家四口全部出动。半天看了 12 套，用“走马观房”来形容，一点儿都不过分。独立屋的价格相当于列治文的 Townhouse，有两层的、局部两层的和一层的平房。Townhouse 的价格只相当于列治文的旧公寓，但考虑到同样有管理费维修费，就不做考虑了。

回家后看着这八栋独立屋的资料，忽然发现这趟素里是白跑了，除了资料上的信息之外，我们对每栋独立屋几乎没有任何更多的印象。这时候忽然才想起来，查一查我们准备让橙子上的戴维森小学学区范围。但结果这趟更是白跑了，只有一栋平房在学区范围之内。而当时我们觉得这栋房子太小，只是进去扫了一眼，完全没有留下任何的印象。

我却是铁了心要买素里的房，而且是要立刻买，因为当时已经是四月份了，自闭症小孩儿转换城市的话涉及福利转移以及辅导老师的聘用会花一定的时间，如果在暑假之前把房子买下来并办好转学的手续是最理想的，丝毫不影响橙子下个学期到新的学校上学。就这栋平房吧，我对妈妈说。

我开始发掘这房子的优点，我絮絮叨叨地对妈妈说：

“我们住平房是最好的了，这样安全，不用担心橙子会顺着楼梯滚下去。我们的小宝儿也开始满屋子无障碍地爬行。这栋房子在钥匙圈儿里，相当于这几户人家有个公共的广场。哦，你看它的占地面积足有 7500 尺，比中国的一亩地还大，比你大钱各庄老家的房子宅基地还要大一倍，我们家的两个宝贝儿可以在院子里玩儿，我一定给他们买个大号的蹦蹦床。三个卧室，两个卫生间，作为独立屋确实少了点儿，但是对我们家来说刚刚好。”

“搬到素里我就没有朋友了。”妈妈说。

“我们会遇到新的朋友的。”

“你以为随便在哪里都可以遇到像开心这么好的朋友吗？甚至可以把橙子留在她家过夜，别的朋友可能吗？”

“那恐怕要看运气了吧。主会给你安排新的好朋友，同时你也不会失去开心这样的好朋友，只不过距离上稍微远了点儿而已。”

“你又不信主，你这么说多虚伪呀。”

“搬到素里的话，我就跟你去教会，我发誓。”为了买这套房，我豁出去了。

“真的，那就一言为定。”妈妈听了我的话，一时兴奋，没有识破我的奸计，竟然答应了。跟她去教会和跟她信基督其实是两码事儿。事实上，作为司机和保姆，后来我确实没少去教会。

“我对那房子都没一点儿印象了，要不要再去看一次。”妈妈开始考虑具体的买房程序了。

“这就让艾伦下 Offer 吧，不用看了，反正成交前还要验屋呢？”我怕节外生枝，夜长梦多。

妈妈拿起这栋平房的资料，反复地看。“这个小平房，造型也太单调。”

“这叫简洁，你不觉得和韶山冲毛主席故居有些神似吗？”

“有点儿像毛主席故居的简化版。”

“希望将来就像你们大钱各庄的老家房子一样，无论儿女在外闯荡多少年，回到这里都是家，是老家。住高层公寓，无论如何也带不来这种老家的感觉，这将会是我们孩子未来的祖屋。”

在艾伦之前我们已经炒掉了三个地产经纪人。艾伦和前面三个人的不同之处就是买房下 Offer 出价往往比我想象的还低，反正不成交就回来用他那标准的台湾国语跟我说：“曹先生，不好意思，卖方不能接受我们的出价，我们再把价格稍稍抬高一点再下一次 Offer 好吧。”而其他经纪则往往因为我想出的价太低怕浪费时间而拒绝帮我下 Offer。

这一次艾伦的出价把卖方经纪人的鼻子都要气歪了。不过这栋房子挂牌儿已经挺长时间的了，屋主不愿意放弃任何一次机会，于是双方还是坐下来讨价还价。最终这栋政府估价 50 万加元的平房，以 43 万加元的价格成交了。

作为我们家族未来的祖屋，我必须把这栋房子的身世交代清楚。它建成于 1984 年，当时尼斯一家买下了它。尼斯生育了一儿一女。这栋房子被卖给我们的三年之前，尼斯太太去世了，儿女们早已独立成家，老尼斯就和一条狗在这栋房子里朝夕相伴。在这栋房子被卖给我们的一年之前，老尼斯的狗死掉了，老尼斯就搬到别的城市和女儿一起住，这栋房子就被挂牌儿，用了一年时间，等到了我们一家的到来。

30 毕业生

橙子的小学毕业典礼令人难忘。典礼举行那天，戴维森小学礼堂的观众席坐满了毕业班学生的家庭成员，爸爸妈妈和你也在其中。典礼设计得很别致。开始的时候，男女同学分别在观众席后方的左右门口排队。随着音乐响起，两边队伍中的男生和女生依次从两侧走向观众席后方中部的彩门下汇合，然后女生挽着男生的胳膊，结成对儿穿过彩门，再沿着中间过道走到观众席的前方，坐在主席台的两侧。

男同学都西装革履，女同学盛装而美丽，伴随着音乐，一对对如同明星走秀般地走过。观众席上此起彼伏地沸腾着，鼓掌欢呼口哨声不绝于耳。家长们拿着手机、照相机一个劲儿地拍，唯恐漏掉自己孩子的光彩时刻。当然，我也不例外，拿着相机张望着。但几乎接近尾声的时候，橙子还没有出现，当时我想这么隆重的场合，这种需要互相配合的仪式，即使不安排橙子参加，也是可以理解的。

就在我胡思乱想的时候，橙子已经出现在门口了。他的个头已经超过妈妈了，穿着我给他为了这个毕业典礼新买的黑色西装，打着领结，脸上洋溢着灿烂的笑。虽然那时候的他有些胖，但却拥有一副称得上是阳光美少年的皮囊，如果行为举止正常，说不定都开始吸引女孩儿的目光了。

但现实就是现实。进门后，他先是快步地往前走，然后竟蹦蹦跳跳地跑起来，到了和女同学汇合的位置没有等女同学过来，就径自地跑到彩门儿里。好在他被那个女同学叫住，蹦蹦跳跳地又跑回到女同学的旁边，伸出胳膊让她挽了，或者说被她牵着，两人这才穿过彩门，一直往主席台方向去了。

校长热情洋溢的讲话后，开始了毕业生的各种颁奖仪式。很多同学都得了各种奖励，印象深刻的是一个长得像爱德华一样瘦小的男生得了很多不同的奖，显然，他和爱德华一样，也是个天才儿童。我也想象在库克小学同时毕业的爱德华也一定得了很多的奖。这些奖励，当然和橙子是无缘的，除非有最让校长头疼奖和给学校添最大麻烦奖。

颁奖结束之后，开始发毕业证了。和男女同学入场的顺序一样，在校长喊了名字之后，一男一女两个同学上台领了毕业证，手挽着手走过观众席中间的通道，出了彩门，再一左一右分道扬镳。

我手里举着相机开始有些焦虑了，因为这一次不是简单的走秀了，还要领毕业证，还要拿好毕业证，这些对橙子都是有难度的动作。橙子可没那么多顾虑，当校长喊他的名字的时候，他就一路蹦跳着上了台，脸上也是乐开了花。橙子刚刚接过毕业证，女同学就及时地挽了他的胳膊，他跑不起来，就乖乖地和她一起走，但是另一只空出来的胳膊却保持了奔驰的状态，大幅度的甩来甩去，他的毕业证也上下翻飞。整个观众席都被橙子逗笑了。好在直到出了彩门，橙子的毕业证还没有被甩出去。女同学的手刚一松开，橙子就开心地回身跳起来摸了一下彩门的横梁，好在橙子的辅导老师布雷克太太已经站在旁边，她拉着橙子，从左侧后门走了出去。

毕业典礼散场了，爸爸妈妈带着你走到了礼堂门外的广场，找到了布雷克太太和橙子，我们一家团聚了。此时我问了布雷克太太，果然不出所料，为了这次毕业典礼的走秀，她和橙子已经练习了一个多星期。当然还有和橙子配对的女同学的帮忙。“好在还有艾米。”连布雷克太太都这么说。

所有的毕业生和毕业生家长都在这个广场上照相留念，人们挥舞着相机、手机，还有自拍杆儿，形成了一个充满数码气息的欢乐的小海洋。我们让橙子和陪伴了他一年的布雷克太太合影，和他的班主任和校长合影。这时也过来了一些我们认识或者不认识的老师和橙子合影。橙子是这个学校的麻烦明星，但当他毕业的时候老师们却喜欢和他合影留念却是我不曾想到的。这或许是对自己工作的一个留念，也或许是一种善意的表达，我想。

我们也找到陪橙子走秀的女同学艾米。感谢善良的艾米，她不但和橙子拍了合影，还主动拿出毕业证，和橙子一起摆了不同的姿势拍合影。我又找来平时愿意帮助橙子的同学尼古拉——他还是我们的邻居——合影。我还询问了他是不是和橙子一样上家门口的中学，遗憾的是他上了别的排名更好的学校，继续让他在中学成为橙子的小伙伴儿的愿望落空了。

拍完照我就带着你回家了，妈妈和橙子直到参加完毕业舞会才回家。到家的时候他们两个人都异常的兴奋。据妈妈说舞会的灯光布置现场气氛都好极了，妈妈说这是个完美毕业典礼，橙子是个开心的毕业生。我们搬家到素里算是搬对了。

我赶紧让妈妈重复了最后一句话。我说我没听错吗？你抱怨了两年之后终于改口了。

31

人之初，性本善

加拿大的小学是七年制，所以我们家在橙子六年级开学时搬家到素里是橙子小学毕业前两年的事儿了。

妈妈几乎是自搬家开始就焦虑不安了。过去在温哥华东区的经历让她格外珍惜我们家在列治文所获得的一切。我们已经在布置素里新家了，她却依然延续了离开列治文前的絮絮叨叨，例如她说，离开列治文，不就是住上个独立屋了吗，但你有没有想过橙子在新学校能适应吗？我们能找到像萨丽一样好的家庭教师吗？离开华人区，橙子会不会被别的族裔的小孩儿欺负？更重要的是，在华人稀少的地方，还能交到像开心那样的好朋友吗？

我不知道任何问题的答案。对于不可预知又无力改变的未来，人的焦虑总是要多于憧憬。缓解焦虑的良药，或许只能是等未来如人所愿地到来。但你却不知道她何时到来？坐等不是办法，为了我们的未来，多等一天都太久，要分秒必争。想到这儿，我拿着电话，送到妈妈眼前："给斯黛拉拨电话吧。"

后来发生的许多事都与斯黛拉相关了。斯黛拉办了一个华人自闭症妈妈基督徒查经班，每两个星期活动一次。在这个查经班里，认识了橙子后来的行为顾问斯蒂芬妮，斯蒂芬妮又介绍了毓琦来做橙子的家庭训练老师。

斯黛拉每年夏天都会组织自闭症家庭去露营。这是橙子和你都最喜欢的一件事儿。2014 年夏天的露营地是阳光海岸，知道橙子对露营有多喜欢吗？他喜欢得一直在哭，一直在闹。露营一开始他就哭着说，我们明年还能来吗？还能在沙滩上跑吗？还能玩沙滩的滑梯吗？一直哭到两天的露营结束。当我发现他坐在行驶汽车里不哭的时候，就开着车带着我们全家把阳光海岸的各个角落走了个遍，用光了满满一箱汽油。好在他也在成长，到了 2015 年夏天露营的时候，他就明白多了，我们一家才在金耳朵公园清澈的湖水中美美地享受了自由的荡漾。

和露营相比，学习的事儿就复杂和曲折得多了。一开始戴维森小学确实如斯黛拉所说，对特殊教育比较重视，橙子的特教老师也比较专业，整个六年级都过得顺风顺水的。但我们却没能给橙子找到合适的家庭教师。斯蒂芬妮关联家庭教师日程都排得满满的了。只能找几个临时客串，每次还没和橙子熟悉呢，就又换人了。这时妈妈就难免怀念住在列治文的萨丽，每到此时她就会说：

“我们要不离开列治文，萨丽就还能继续教橙子。都怪你把房子买这么远，让我们失去了那么好的老师！”

妈妈在说这句话的时候，如果遇上我心情不好，一次脸红脖子粗的争吵就在所难免了。

直到六年级下半学期，毓琦才有了空闲，可以来交教橙子了。毓琦有二十五六岁了，但她长了一张娃娃脸，看起来就像一个中学生。她对付特殊小孩儿很有办法，橙子也很听她的话，后来连妈妈都说她不比萨丽差。除了用 ABA 训练认知，她现在还教橙子生活技能。比如她会带着橙子去超市买东西。

现在看着毓琦和比她还高出一截儿的橙子并肩逛街的样子，我开玩笑地说：“你们看起来像一对早恋的中学生啊。”

“是吗？完了完了，”毓琦故作惊讶地说，“人家已经是剩女了，现在和橙子逛街被别人误会了，就更连男朋友都找不到了。”

“每天早上六点出门，八点回家，一个星期工作六天，同时教五个自闭症小孩，还要准备考行为顾问，这姑娘太辛苦了，千万别把自己耽误了。”妈妈在一旁心疼地说。

听了这话，好像自己有了为毓琦找男朋友的责任。但想来想去，唯一靠谱的人选就是我们的房地产经纪人艾伦了，他不但长得眉清目秀，这两年又赶上房地产火热，经济条件应该也不差。但是我打过电话了解才知道，艾伦已经有女朋友而且就要结婚了。于是只好继续寻找。

七年级从一开始就不顺，因为BC省的教师罢工，开学整整推迟了一个月。时间安排的重大变化严重地干扰了橙子的情绪，他想不通为什么过了九月还不能去上学，固定的时间安排的改变让他很不舒服，他不理解什么是罢工，更不知道老师为什么要罢工。不理解的结果就是焦虑，焦虑的结果就是哭闹，橙子哭闹又导致了妈妈的焦虑，妈妈一焦虑就又埋怨搬错了家，听妈妈埋怨多了我的火也起来了，这一切的发生就像链式反应已经启动，原子弹爆炸，在所难免了。

煎熬了一个月后，教师工会总算接受了省政府的条件，罢工结束，学校开学了。但橙子的厄运却没有结束。负责特殊教育的主管老师和包括教橙子的老师在内的几个特教教师同时跳槽到了别的学校。学校马上临时招聘特教老师，就这样橙子的特教老师换成了布雷克太太。她刚刚完成一个特教的培训课程。她是我们临街的邻居，生得人高马大，经常和布雷克先生在我们的街区长跑，我们时常会遇到他们。

一开始我们都为能有一个邻居做橙子的老师感到高兴。然而令我们意想不到，开学才一个星期，我就被学校紧急电话召见了。橙子把布雷克太太推倒摔伤了！

事情的起因是这样的，布雷克太太人比较严厉，习惯于用强制手段让橙子听话，但橙子偏偏是个顺毛驴儿，越严厉他越不听。那天橙子躲在厕所里不出来，布雷克太太在厕所门外劝说无效，就在没有别人的时候进厕所试图把橙子拉出来。经过几个回合角力之后，布雷克太太竟然倒地，原来运动造成的肩伤复发。好在并无大碍，只是经常需要理疗，这样布雷克太太就不能继续工作了，学校只好找别人临时带班。学校此时的特教老师大多数是临时找来的，经验不足控制不好橙子。后来有人发现橙子吃东西能缓解焦虑，就告诉妈妈每天多带午饭多带水果和点心。久而久之橙子的胃撑大了，回家吃晚饭的饭量也增大了，人转眼之间就胖了起来。

到了 2015 年，布雷克太太的肩伤也好了，但她嫌橙子比较麻烦，想换个相对容易的孩子来教。她觉得斯黛拉教的孩子是最省心的，便提出了交换。斯黛拉并没有完全同意，她只是对布雷克太太说，先换一个星期试试。

但两人交换学生之后，出现了布莱克太太意想不到的结果，原来跟着斯黛拉乖巧又听话的韦恩却天天对着严厉的布雷克太太又哭又闹了，而原来经常对布雷克太太发脾气的橙子却天天跟着斯黛拉开心又听话。

一天早晨上学，橙子在见到斯黛拉的时候脸上乐开了花，喊着斯黛拉的名字奔跑着去抱她。布雷克太太看到此情此景深有感触，或许，她反省了自己。她终于认识到，虽然她临时被聘到学校给自闭症儿童做特教老师，但她不能仅仅把它作为一个赚钱的机会，做好这项工作并不简单，自闭症儿童也需要爱心。于是她和斯黛拉换回了各自的学生。她开始努力地去爱这份工作，爱橙子。她进修过自闭症儿童 ABA 训练课程，只是没有经验，好在有斯黛拉的帮助，很快摸透了橙子的脾气，成为橙子喜欢的老师，一直带着橙子到毕业。

因为自闭症小孩儿适应新环境的能力差，戴维森小学在毕业前的一个半月就开始安排他们到中学熟悉环境了。开始两次布雷克太太带着橙子到中学参观教室，参观图书馆。再后来，橙子又被安排在中学吃午饭，并整个下午都在中学度过。

所有帮助橙子团队的成员，包括妈妈、斯蒂芬妮、毓琦、布雷克太太，小学和中学的主管老师以及中学给橙子安排的一对一的老师等人，除了做橙子的教育计划，还做出了一项让妈妈意外的安排——给橙子安排了校车。要知道中学离我家的距离很近，走路也就用五分钟。中学的主管老师说，就算住在学校隔壁也会安排校车，除了接送孩子，更重要的是，锻炼自闭症学生的独立上学的能力。

到了中学，除了音乐课可以和正常的孩子坐在同一间教室外，橙子和其他中学的课程已经毫无关系了。自闭症中学生有他们自己的学习计划。橙子的课程有到附近的大统华超市学习买东西；到新建成的社区游泳馆游泳；到社区图书馆借书读书；在学校收集可回收的废品，等等。

有的时候我会想起当年在定海医院高压氧舱里吸氧的时候，家长们闲聊，觉得几个小孩儿里橙子最有灵气，或许未来可以上大学。那时候我嘴里说着不可能，却心存侥幸地想着也说不定橙子能上大学。但到了现在，如果能培养他胜任在超市整理货架的工作，我就会喜出望外了。离未来越近，理想就越会被压缩。有的时候我在想，如果我们没有对橙子花费那么多心血，或许当他长大的时候，结局也差不多。橙子学了八年的钢琴，现在只能自娱自乐，无法通过任何等级考试；学了八半年的游泳，现在还不会换气，只能扑腾个十米八米；滑冰倒是学会了，但是在冰场里疯跑，却更让我们担心；小时候还算强项的数学课，到了学应用题之后就戛然而止了；能够拼写大量的英文单词，认识几千汉字却无法与人交流。

但橙子的一个成就却是妈妈和我都无法企及的——他很快就减肥成功了！

当橙子饭量越来越大，长得越来越胖的时候，我几乎不敢想他会减肥。除了他无法理解肥胖不健康外，某些自闭症小孩没有饱足感的说法似乎也在橙子身上得到了体现——每天晚餐，不但会吃自己的饭，还会吃掉桌子上所有的剩饭剩菜。一旦吃不饱还会哭闹。

我给他讲了许多道理，妈妈说我都快成唐僧了，但毫无作用，橙子照样吃得很多。我只能吓唬他说："再吃那么多肚子就爆炸了。"

然而这却是他能够理解的话——他知道什么是爆炸。他爱玩儿气球，却最害怕气球爆炸。于是他不吃饭了，饿得发疯也不吃了，还嘴里喊着"炸！炸！炸！"我知道我闯了祸。妈妈说橙子得了厌食症就拿我试问。

我只好再和橙子讲道理："必须吃饭啊宝贝，总不吃饭肚子就瘪了，气球瘪了也不好啊。"

就这样不知说了多少遍，换了几种说法，橙子总算吃饭了。不过他只是在实在饿了才吃。但我会监督他吃完一碗饭。这样橙子有了现在标准的体型。

有时我想，也许费尽心思养育橙子，让他快乐，就是我该过的生活。人类对于后代无条件的爱和责任感，是人类在漫长的进化中，产生和被自然选择的品质，这品质是保证人类繁衍生息的保障，是人类成为人类的必然。作为基督徒的妈妈说是上帝按照他自己的形象与性情创造了人，给人这种品质，其实是一码事儿。

我写到这儿的时候你正抱着你的洋娃娃轻轻地摇，你要哄她睡觉。此时，我想对你说，我也感谢你，我的女儿西瓜，你不到一岁的时候知道爱美，不到两岁的时候就知道关心别人的安全，现在你三岁了，你对你的玩具娃娃充满了母爱。我从你的身上学习到了人类对美的追求，人与人之间的关心以及对后代的无私的爱是与生俱来的，是雕刻在人类的基因里的。于是我教你背《三字经》：

人之初，性本善，一辈子，不要变。

2016 年，妈妈准备在把你送到 Preschool 上学了。本来再早半年你就可以去了，妈妈甚至带着你去那个小学校咨询了。但后来考虑到你才打过两次疫苗，就想再拖个半年，多打两次疫苗再上学。

但那次咨询之后，你就爱上了那个学校，总是说要去上学，路过那所学校的时候还会提醒我们，“看啊，那就是我的学校。”

在过去这半年你没能去上学，我们家倒成了一个小学校——有两个小朋友在我们家跟着妈妈学中文。一个六岁的正常小姑娘玛丽和一个五岁的高功能自闭症小男孩儿约翰。上完课两个孩子的家长都不会立刻来接他们，因此，你有一些时间和他们一起玩耍。

很快你和玛丽成了好朋友，你们会在一起玩儿游戏并分享彼此的玩具。但约翰有的时候会跑过来抢你们正在玩儿的玩具，有的时候他还会跑着把你撞倒。

你来找我告状了。你已经知道约翰与众不同，但对你来说他又并不罕见，因为你已经会表达，你说约翰就像橙子哥哥一样。你还会问为什么了。

我是想了好一会儿，才知道怎么回答你。我告诉你约翰和橙子一样，他们都是糊涂小孩儿。你和玛丽都是聪明小孩，世界上大多数的小孩儿都是聪明小孩儿，聪明小孩儿长大以后可以学到各种本领，糊涂小孩儿长大还是会犯糊涂。

最后我问你，长大以后会帮助糊涂小孩儿吗？

亲爱的女儿，西瓜，爸爸写到这里的时候，我把上面那个问题，又问了你一遍，你和以前一样，认真地点了点头。

32
中学的 ABA 辅导老师

在橙子上小学的经历中，每当遇到一个能力差的一对一辅导老师，我们家就会陷入一段艰难的时期——学校会隔三岔五地给妈妈打电话，说橙子又闹了，没人管得了，请家长把他带回家。于是妈妈每天听到电话铃响就紧张，好像每天都处于随时待命去学校接橙子回家的状态。没想到橙子刚刚进入中学，妈妈就再次进入这种状态了——几乎每个星期都会有两三次，妈妈要到学校接橙子回家。妈妈为此很苦恼，因为她本来想，在你上 Preschool（幼儿园）后，就去找一份工作做。现在看来计划又要泡汤了。

橙子的行为顾问斯蒂芬妮为此到学校跑了很多次，但是却没有任何结果。学校的一对一辅导老师并没有接受过 ABA 培训，斯蒂芬妮提出的建议也如对牛弹琴般，起不到任何效果。

有的时候橙子刚刚到学校一个小时，妈妈就接到要求把橙子接回家的电话了。为了不让橙子在这大半天时间里在家无所事事，妈妈就让他利用这个时间练习弹钢琴。橙子的第一个钢琴老师温蒂在教了他一年之后就找到一个全职工作，不再教他弹钢琴了。之后我们也找不到愿意教特殊儿童弹钢琴的老师了，我们只好找学过琴的大孩子陪他弹钢琴，练习一些新的或者学过的曲子。这些年以来橙子虽然一直没有间断练习弹钢琴，但也几乎没有什么进步。

时不时地留在家里照看橙子，没有办法出去找工作，妈妈只好考虑找时间灵活的事情来做了。邻居大姐介绍她参加了某种保健品的直销。这也相当于给我找事儿了——这个品牌的保健品的仓库就位于我下班的路上，有的时候我下班会顺便帮助她们取货，然后放在家里等着她的客户来拿。

有一天，橙子又被妈妈早早地接回家了。虽然在家的时间都被规定为弹琴时间，但橙子几乎就只弹那几首他喜欢的曲子。其中弹得最多的就是《马车绕山奔驰》。我想原因可能是这个曲子有歌词，他会唱。从橙子最初接触弹琴开始，他就会在弹琴的同时唱歌。这无须训练，是他天生的能力。

门铃响了，妈妈的客户薇薇安来取她的保健品了。

“你儿子钢琴弹得不错呀！”听到橙子在弹琴，薇薇安恭维道。

“都弹了六七年了，才弹成这样。”妈妈有些不好意思地回答着。

“跟哪个老师学琴呢？”薇薇安问。

“现在只有一个姐姐陪练。我儿子是特殊儿童，比较难搞，好的钢琴老师都不愿意教他。”

“是这样啊，那让我来试试吧！”薇薇安说道。

原来薇薇安是中国中央音乐学院的高材生，到加拿大以后一直在做钢琴教师，是加拿大钢琴考级系统的注册教师。她给橙子作了水平测试，认为他弹钢琴的水平相当于三级。薇薇安同时认为橙子的听觉异常敏锐，乐感很好，是个可塑之才。

薇薇安给橙子示范弹琴的时候，橙子竟然能够聚精会神地听，因此他学得很快。此时我才突然意识到，橙子以前不认真听老师弹琴，或许是因为以前的老师钢琴弹奏水平都是业余的，不足以吸引他的注意力。想到这儿，竟然心生愧疚，觉得自己以前没给橙子找对老师，耽误了他。

妈妈让薇薇安老师按着自己的方法教橙子，只要提高橙子的弹琴水平就好，并没有提出考级的目标。橙子跟薇薇安学得也十分开心，很快学会了很多曲子，也学会了更多的弹琴技巧。而钢琴弹奏水平的提高，也更大限度地发挥了橙子听觉敏感的优势。他喜欢唱的流行歌曲，譬如，《桃花朵朵开》《中国功夫》《中华民谣》等只要他会唱的歌，他就能在钢琴上弹出来，边弹边唱，根本无需琴谱。

当橙子的八年级过去一半的时候，学校的老师还是没找到更好的方法辅助橙子。这时候就连斯蒂芬妮都忍无可忍了，她对妈妈说：“我们把杰奎琳送到学校吧！”

橙子上七年级以后，毓琪就开始学习行为顾问的课程，她能够来我家给橙子做辅导老师的时间就越来越少了。此时史蒂芙妮带来了刚刚大学毕业的杰奎琳给橙子做家庭辅导老师。经过一年多的学习和磨合，杰奎琳已经摸透了橙子的脾气，能够很好地帮助橙子了。她不但可以用 ABA 的方法教橙子学语言、写作文，也能像毓琪一样带着橙子开车出门去买东西或者去图书馆借书。

由于加拿大的教师有教师工会的保护，能力再差的老师，饭碗往往也是有保障的。作为自闭症学生，一般来说，只有转学，才有可能更换新的一对一辅导老师。事实上在大温哥华地区，只有素里市有一个特例——自闭症家长可以把自己培训的 ABA 辅导老师送到学校去，作为孩子在学校的一对一的辅导老师。

素里教育局会根据自闭症儿童的程度，确定其接受一对一辅导的时间，程度越差时间越长，最长是每周三十个小时。如果一个自闭症的学生被认为需要在学校要接受 ABA 的辅导的话，学校就会为这个学生公开招聘 ABA 辅导老师，此时家长就可以把自己培训好的老师送去应聘。在资历相当的应聘者中，学校会优先选择家长培训好的老师。但是如果出现资历明显更高的 ABA 老师，学校就只能选择资历更高的老师，这是教师工会保护教师的一个政策。

杰奎琳要首先满足最低的应聘条件，一千小时的 ABA 教学经验。但是直到橙子八年级结束，杰奎琳的 ABA 教学经验还不足一千小时。为此在此后的暑假中，杰奎琳这个娇小的女生，带着已经高她半头的橙子学习语言、学习写作、学习购物、学习交通规则……终于在九年级开学前，杰奎琳达到了应聘 ABA 辅导老师的标准。

然而此时我们才知道，自从搬到素里以来，橙子在学校接受一对一辅导的时间一直被定在二十个小时。只不过普通的一对一特殊学生辅导，是由几个学生共享几个辅导老师，学校可以灵活调配，这样所有的特殊学生都可以接受全天一对一辅导。但是 ABA 的辅导老师则具有专一的属性，学校没有办法灵活地调配。超过规定时间，接受 ABA 辅导的学生，只能由普通辅导老师来辅导了。按当时的情况，学校恐怕就又会打电话给妈妈，让她把橙子带回家了。

同时这二十个小时的 ABA 辅导老师的职位，在时间上也难以成为一个全职的工作。虽然其他资深的 ABA 老师可能不会来和杰奎琳竞争这个职位，但时间过短，这个职位对杰奎琳来说也缺乏吸引力，她很难把这个职位当成一个长远的工作。我们需要给橙子找到一个能够长期陪伴他的老师，让他安然度过中学时代。

斯蒂芬妮帮着妈妈给教育局写了信，要求把橙子接受 ABA 辅导的时间增加到三十个小时。想必教育局当初把橙子的辅导时间定为二十个小时，也是有依据的，很难轻易改变。这时候斯蒂芬妮的工作就非常重要了。她请来本地区自闭症家长联合会主席凯特，分别到教育局、到学校开了几次会，但是申请都没有得到批准。最后，终于，在一次会议中，妈妈流下的绝望的眼泪，打动了素里教育局的特殊教育主管。橙子得到了三十个小时的 ABA 辅导时间。

学校在网站上公布了招聘 ABA 辅导老师的信息。杰奎琳去应聘了。但是显然没有把握获得橙子的辅导老师的职位，任何一个资历更老的 ABA 老师都可能比她更优先获得这个职位。资历老并不代表着能力强，很难说一个老资格的 ABA 老师，就一定能够像杰奎琳那样胜任做橙子的老师。

然而最终杰奎琳还是成功地被学校聘为橙子的辅导老师。妈妈把这一如既往地归功于她的祷告。意想不到的是，斯黛拉也来到这所学校工作，妈妈说这只能是神迹了。这样，我们不但成功地实现了最初的愿望，同时又多了斯黛拉在学校可以帮助杰奎琳照看橙子，这无疑是最好的结果。

从那以后，妈妈再也没有被喊到学校去接橙子回家了。

33

最美乐章

2016 年 9 月妈妈成了仁杰中文学校的一名中文教师，教本地的小学生在课后学习中文。课程是在小学放学之后开始的，妈妈有的时候教一年级，有的时候教五年级。那时，你还只是在上午去幼儿园上课。妈妈中午接你回家后，下午就带着你一起到中文学校。

妈妈的班上学生并不多，往往只有四五个人，妈妈就让你坐在教室后面。妈妈教一年级的时候，她把你当作一个学生，让你一起学；妈妈教五年级的时候，她准备了画本和笔，让你自己画画。但是刚满四岁的你，不可能老老实实地坐在后面画画，有时你坐不住了，就在学校里到处溜达，这样就影响到学校的教学了。

好在妈妈给五年级的同学上中文课的时候，也正是学校的舞蹈班上课的时候。于是妈妈给你报了舞蹈课，让你去学跳舞。本来舞蹈课是招收五岁以上的孩子，但是教舞蹈的冯老师觉得你聪明伶俐，能够跟着学，就把你收下了，她对妈妈说，早一点来学习舞蹈，接受艺术的熏陶也是好的。

冯老师说的是对的。尽管你舞蹈的动作做得并不标准，节奏往往也跟不上，但是你却热爱上了舞蹈。在我们家里，当橙子一边弹琴一边唱歌的时候，你就在客厅里翩翩起舞，你们两个就像在合作表演节目一样。每当我看到这一景象，就会想起当年在开心家里，开心的一对儿女在为大家表演，而我却只能盯着橙子，让他不要捣乱。从那时起，厚重的雨云就在我的心里，压了很多年了。现在在你们兄妹的歌声琴声与舞蹈中，这雨云终于渐渐地消散了。

这种自发的表演也融洽了你们兄妹之间的关系。橙子学会了像其他的哥哥对妹妹那样亲亲你的脸，或者用手捏捏你的脸蛋逗你玩儿。他还会发挥认识汉字多的优势，给你读故事书听，尽管读书的橙子未必理解他所读的内容，但听故事的你却听得津津有味。我相信你听懂了。因为此时的你已经会问站在电线上的小鸟为什么没有被电死？喝酸奶的吸管在酸奶快喝光的时候为什么会发出声响？天冷之后地上的草为什么会结白霜这样的问题。虽然我不敢肯定你完全理解了我给你的答案，但能提出这样的问题本身说明你的思维能力已经超过了大你十岁的橙子。

在这之后，你除了会对爸爸妈妈说我爱你之外，也会对橙子说我爱你了。哪怕橙子正在喋喋不休甚至大嚷大叫，你也会跑过来郑重其事地对他说："哥哥我爱你，可是你制造的这么大的噪音，让我听不到我的动画片声音了，你小一点声好吗？"

深秋时节，音乐人琳达来到仁杰中文学校，她要挑选演员准备参加2017年素里华人春节联欢晚会的节目《小鸡拜年》。这是一个舞蹈节目，要找六个跳舞的小姑娘来表现小鸡拜年的景象。琳达自己会弹钢琴，演奏她重新编曲的拜年曲，并唱拜年歌。中文学校会跳舞的小姑娘几乎都报了名，尽管觉得不可能被选上，妈妈还是给你报了名，她说"我们也重在参与吧。"

没想到你竟然被选上了。琳达选了三个舞跳得非常好的十岁左右的大孩子作为这个节目的核心，选了两个六岁的孩子，作为不同年龄的"小鸡"来搭配，为了丰富层次，她还需要选一个"小鸡崽儿"。你的年龄最小，于是就当选了"小鸡崽儿"。

排练安排在每个星期三的晚上。从 2016 年的 11 月一直练到圣诞节，几个大姑娘已经跳得非常好了，但你这个小鸡崽儿还是跟不上趟。妈妈看的都有些着急了。琳达对妈妈说：“选曹西瓜来跳小鸡，就是要表现这种稚嫩的可爱，她能到舞台上卖萌就可以了。”

但妈妈还是希望你能跳得更好一些。于是在圣诞节和元旦的假期中，她时常把你排练的录像播放出来，让你跟着练习。

琳达的编曲节奏感很强，在我们家中播放录像的时候，音乐把橙子吸引过来了。橙子对这个曲子很感兴趣，听了两遍，他就在自己的钢琴上弹了起来，一边弹还一边学着琳达唱。他有些词没听清，就唱错了。于是我用纸笔把歌词写下来，让他照着唱。

后来琳达又组织了两次排练。到了 1 月 26 日，晚会就开始了。这一年的冬天，温哥华地区遭受了来自北极的强劲寒流打击，天气异常寒冷，并下了多次大雪。晚会这天天空中又飘起了雪花。但这丝毫不影响素里地区华人过春节的热情，傍晚，素里华人会馆已经坐了满满当当的观众。

晚会开始了，唱歌的、跳舞的、说相声的，节目一个一个进行着。我和妈妈带着橙子坐在观众席上，期待着你的出现。节目单上，相声说完了，就该是你们的舞蹈了。然而上来的却是一个老先生说脱口秀。我感到奇怪，便到后台看个究竟。在后台，仁杰学校的王校长着急地对我说，琳达还没来，她被堵在路上两个小时了。

从琳达所在的列治文到素里的必经之路上有一座跨越弗雷泽河的大桥叫弗雷泽桥。在降雪的时候，弗雷泽桥的钢索上会结冰，冰块从钢索落下，会砸到汽车。这个冬天的第一场雪，弗雷泽桥钢索上落下的冰块就砸坏了三十多辆过桥的汽车。于是之后遇到下雪天，每次钢索上结了一定厚度的冰层，弗雷泽大桥就会被关闭，每次关闭除冰，都要用上四五个小时。王校长说，弗雷泽大桥又关闭了。这时大家明白了，琳达在春节晚会结束之前是赶不到会场了。

“看来这个节目得取消了。”王校长面带遗憾地说道。

“不要吧。”小演员中的大孩子最不高兴了。其中的艾米说：“看看能不能找一个会弹琴的，帮我们伴奏一下，我们还可以跳的。”

然后艾米对另外一个小演员说：“你的哥哥不是钢琴过了十级吗？他来了吗？问问他能不能弹？”

很快，那个小演员的哥哥被找到了。但是他说这怎么可能呢！虽然也听过几次这个曲子，但是没有琴谱是不可能弹的。

虽然没有人征求你的意见，但是你却听懂了大家在谈论什么。这时你仰着头对大家喊着说：“我的哥哥会弹！”

然而没人理会你。这不单单是因为你人微言轻，更是因为大家都知道你的哥哥是个自闭症小孩，连最普通的交流和表达都不会，怎么可能当着一千多观众演奏呢！

大家正犯着愁呢，妈妈带着橙子来到了后台，她只是想看看发生了什么。透过舞台一侧的空隙，橙子看到了舞台上已经准备好的白色大号斯坦威三角钢琴，他兴奋地一边喊一边跳了起来:“我要弹钢琴！我要弹钢琴！”

如果不是妈妈拉住了橙子的胳膊，他早就冲到钢琴旁边了。这几乎算是橙子的一个行为问题了——每次到公共场合，看到他平时摸不到的专业钢琴，就兴奋，就要去弹。或许他异常敏感的听觉，使得他具有辨别钢琴档次的能力。现在他又看到了一个好家伙，他要去弹这架琴，要把它弄出声响。

这时我看了看王校长，低声说：“让橙子去弹吧！我们只能死马当活马医了。”王校长无可奈何地点点头。

脱口秀已经在抖最后一个包袱了。我拉过橙子对他说：“你上去弹那首小鸡拜年，好不好？”

橙子开心地说：“好，弹小鸡拜年！弹小鸡拜年！”

通知晚会导演，时间刚刚好。报幕之后，橙子是蹦跳着跑到那台钢琴前的。这不符合常规，但显然不明真相的观众把这当作了滑稽表演，台下笑声一片。

橙子开始弹奏了。作为自闭症小孩，晚会的重要性他不懂，台下上千观众带来的压力他不懂，他也不知道什么是怯场，他的眼里只有这架钢琴，他要用它弹奏出美妙的音乐。

小鸡们在音乐声中依次上了台，每个人的舞蹈都跳得非常完美。伴随着熟悉的哥哥的弹奏和歌声，就连你这只负责“呆萌”的小鸡崽儿都做对了大多的动作。爸爸看得热泪盈眶，偷眼看去，妈妈也是喜极而泣了。哥哥弹出了我们听到过的最美的乐章！

亲爱的西瓜，我给你述说的家史，就在这美丽的乐章中结束吧。此时你已经四岁半了，会把发生的事情记得清清楚楚了，因此将来看到这个结尾，你一定会问我，为什么不把这节目完整记录了再结束？为什么不说当舞曲结束了，小鸡们都准备下台的时候，橙子却又继续弹起了《马车绕山奔驰》，害得小鸡们又群魔乱舞般地在台上继续舞蹈，直到大幕落下，王校长上台把橙子拉走？

这封信，是爸爸从你一岁大，一直断断续续地写到你四岁半大，花了三年半时间完成的，这封信记录了我们一家与橙子相伴的日子。在我写信的过程中，你和你的哥哥在成长着。看着你们的成长，我的心情发生了转变，我宁愿只记得开心的故事了。就连写信的过程也逐渐从痛说家史转变为平静的述说家史了。

哥哥长大了，他现在比爸爸还要高，是个英俊少年了。他努力地让自己做好每一件事，只不过地球人类的规则有些他还理解不了，要不然怎么把他们比喻成是来自于外星球的人呢？

所以就请原谅他没能及时地停止弹奏，并起身谢幕吧！这和他奉献出的完美乐章相比，又算得了什么呢。也请你原谅，橙子哥哥收拾玩具的时候，会把你手中正在玩的玩具一起收走；也请妈妈原谅，橙子在擦厨房的时候，会把整个屋子弄得湿漉漉的。他只是想做一些让大家高兴的事儿，虽然他做得不算好，但这和他那简单却很阳光的美丽心灵比起来算得了什么呢。

我们一家还会有许许多多个与橙子相伴的日子。亲爱的女儿西瓜，爸爸必须感谢随着长大越来越充满爱心的你，你总是毫不掩饰地表达着对爸爸妈妈和橙子哥哥的爱。我们一家四口每一个人都爱着另外三个，这让我们一家成为没有爱的死角的家庭。正是如此，爸爸才对我们家的未来充满信心。

谢谢你，我的女儿。

爱你的爸爸

2017 年 1 月 30 日